Als im Frühjahr das Buch «Aldi. Einfach billig» (rororo 62959) erschien, war das Aufsehen beträchtlich. Zum ersten Mal erfuhr die Öffentlichkeit Näheres über das Innenleben des Discounters. Extremer Arbeitsdruck, Einschüchterung und Willkür, Entlassungen als Personalpolitik, Kostendruck und umfassende Kontrolle: Medien und Öffentlichkeit waren von Straubs Insider-Bericht schockiert.

Und wie ist es heute, gut ein Jahr später, im 100. Aldi-Jahr? Viel hat sich nicht geändert, konstatiert Straub, der nach seinem Buch Hunderte von Rückmeldungen weit über die Aldi-Welt hinaus bekommen hat und zahlreichen neuen Berichten nachgegangen ist. Dieses Buch schildert einige von ihnen, und sie sind schockierender noch als zuvor: von menschenverachtenden «Fesselspielen» mit Azubis in einem Aldi-Zentrallager über Mobbing mit Ratten bis zu einer getürkten Aldi-Wette bei «Wetten, dass..?», von Psychoterror gegen Mitarbeiter, die einfach nur ihr verbrieftes Recht wahrnehmen wollen. Straub schaut auch über den Aldi-Tellerrand hinaus. Anderswo ist es oft nicht besser, wie Blicke auf Edeka, Netto, Fressnapf und einige andere Filialisten zeigen. Aber es gibt auch Positives zu berichten: und zwar von Lidl.

Andreas Straub, Jahrgang 1984, Diplom-Betriebswirt, absolvierte nach dem Abitur ein Studium der Internationalen Betriebswirtschaftslehre in Kopenhagen und Stuttgart und war von 2007 bis 2011 zunächst als Trainee und dann als Manager für Aldi Süd tätig. Er arbeitet heute als Berater und freier Autor.

Andreas Straub

INSIDE
ALDI & Co.

Rowohlt Taschenbuch Verlag

Dies ist eine erweiterte Fassung des
Rowohlt E-Book only «Inside Aldi» (ISBN 978 3 644 50031 0)

Originalausgabe
Veröffentlicht im Rowohlt Taschenbuch Verlag,
Reinbek bei Hamburg, Oktober 2013
Copyright © 2013 by Rowohlt Verlag GmbH,
Reinbek bei Hamburg
Lektorat Frank Strickstrock
Umschlaggestaltung ZERO Werbeagentur München
(Umschlagabbildung: Thorsten Wulff)
Satz Olympian PostScript (InDesign) bei
Pinkuin Satz und Datentechnik, Berlin
Druck und Bindung CPI – Clausen & Bosse, Leck
Printed in Germany
ISBN 978 3 499 63056 9

Inhalt

Zum Anfang
oder «So läuft der Laden»

Wenn ich mich heute mit den Machern im Einzelhandel, allen voran mit den Führenden bei Aldi, beschäftige und einige neue Berichte veröffentliche, die manchem vielleicht dennoch bekannt vorkommen mögen, weiß ich deutlich mehr als noch vor zwei Jahren – als ich begann, meine persönlichen Erlebnisse aufzuschreiben. Dieser erste ausführliche Bericht wurde zu einem Buch: Aldi. Einfach billig. Das wiederum wurde zu einem Bestseller, der bundesweit Wellen schlug und Berichterstattung in zahlreichen Medien nach sich zog.

Nun folgt also ein knappes Buch, das sich viele Leser gewünscht haben. Es beleuchtet weitere, bislang unbekannte Aspekte und erzählt neue, teils schockierende Geschichten aus dem deutschen Handel. Dabei wurde und werde ich von zahlreichen Informanten unterstützt, die mir ihre eigenen Erlebnisse schilderten oder relevante Unterlagen zur Verfügung stellten. Ihnen gebührt, neben der Rowohlt-Justitiarin Cordula Pröscher und den Verlagsanwälten von Damm & Mann (Medienrecht, Hamburg) sowie meinen Rechtsanwälten Winfried Seibert (Medienrecht, Köln) und Michael Stcibli (Arbeits- und Sozialrecht, Tübingen) großer Dank für ihre Unterstützung. Alle Statements und Zitate in diesem Buch sind sorgsam ausgewählt und so weit wie möglich gegenrecherchiert. Die Aussagen sind von mir nur um der Lesbarkeit willen leicht redaktionell bearbeitet worden, ohne aber die Originaltöne gravierend zu ändern, damit sie authentisch bleiben.

Auch wenn man, wie zum Ausgang dieses Buches, über den

Aldi-Tellerrand und auch den des Einzelhandels hinausblickt, finde ich bedauerliche Parallelen und Tendenzen, die unübersehbar sind. Sie zeigen, dass die Discounter-Prinzipien weit verbreitet sind:

Maxime: kassieren, was geht.
Mitarbeiter: ausbeuten, mobben, aussortieren.
Lieferanten: drücken, schikanieren, austauschen.
Verantwortung: abwälzen, Risiken auslagern.
Öffentlichkeit: tricksen, vertuschen, weitermachen.
Ergebnis: Profit ganz oben, Mensch ganz unten.

So läuft «der Laden» vielerorts in einer Marktwirtschaft, die sich noch immer «sozial» nennt. Wenn mir entgegnet wird, die in diesem Buch beschriebenen Methoden verstießen gegen gar kein Gesetz, bin ich mir darüber einerseits nicht in jedem Fall sicher und verweise andererseits auf das alleroberste, in Artikel 1 unserer Verfassung verankerte Grundrecht: Die Würde des Menschen ist unantastbar.

Trotz der ernsten Themen haben sich auch unterhaltsame und skurrile Geschichten in dieses Buch eingeschlichen. Ich gebe zu, das war Absicht. Ich wünsche eine interessante Lektüre!

Andreas Straub

Viele Einzelfälle
oder «Ich habe Ähnliches erlebt»

«Hallo, Herr Straub (oder darf ich ‹Herr Kollege› sagen?), schön, dass Sie sich die Mühe gemacht haben, meine Memoiren aufzuschreiben! Auch wenn unser Werdegang in einzelnen Details eine leicht andere Färbung hat (bei mir fand der Gurken-Trick der Einarbeitungsfiliale stattdessen mit Fusilli statt), habe ich mich beim Lesen Ihres Buchs an zahllose Situationen meiner eigenen Tätigkeit erinnert gefühlt – bis hin zum Feuerlöscher. Unglaublich. Für diese Akribie und den humorvollen Schreibstil vielen herzlichen Dank!»

Ein ehemaliger Bereichsleiter im Juni 2012

—

«In drei Jahren hatte meine Tochter vier Filialleiter und fünf Bereichsleiter. Sie hat so gut wie gar nichts gelernt, meistens nur Kasse und Ware gemacht. Nur die Berufsschule war ganz okay. Sie wollte etwas lernen, aber ständig wurde sie vertröstet. Mit einer Aussage zur Übernahme hielten sie ihr Filialleiter und ihr Bereichsleiter, der ständig wechselte, ständig hin. Erst wenige Tage vor Ausbildungsende wurde ihr mitgeteilt, dass sie nicht übernommen werde. Ich versuchte, mit denen zu sprechen, aber wurde eiskalt abgekanzelt.»

Der Vater einer Auszubildenden aus Köln im Mai 2012

—

«Zu mir hieß es: ‹Sie sind zu fett.› Das sagte die Bereichsleiterin genau so zu mir. ‹Nehmen Sie erst mal ab, dann finden

Sie auch einen Job›, sagte sie. Hier gebe es für mich keine Zukunft.»

Ein Azubi aus Frankfurt im Juli 2012

—

«Selten las ich ein Buch schneller durch als dieses. Selten habe ich mich so amüsiert und so laut gelacht beim Lesen eines Buchs. Amüsiert auf Ihre Kosten und Ihr Leiden während Ihrer Aldi-Zeit. Sie haben mich ‹rausgenommen›, wo ich noch nicht mal bei Aldi ‹drin› war.»

Ein Kunde im Dezember 2012

—

«Ich werde nicht mehr bei Aldi einkaufen, bis dieser Laden seine Firmenpolitik geändert hat.»

Mehrere Kunden

—

«Auch bei uns war miese Stimmung. Ich kann das System aus Angst und Mobbing bei Aldi nur bestätigen. Wir Bereichsleiter wurden vom Verkaufsleiter als fauler, freizeitorientierter Sauhaufen bezeichnet und alle auf die gleiche ‹asoziale› Art entsorgt. Ich habe lange gebraucht, um darüber hinwegzukommen, da mir die tägliche Arbeit mit dem Filialpersonal Spaß gemacht hat. Bei Aldi habe ich Durchhaltevermögen, Führungsverantwortung in jungen Jahren und effektives Arbeiten gelernt.»

Ein ehemaliger Bezirksleiter über seine Erfahrungen
aus den frühen 90er Jahren

—

«Das Kassenpersonal ist sowieso schon komplett in Teilzeit beschäftigt. Aber seit neuestem gibt es nur noch 10- bis 18-Stunden-Verträge. Wie soll jemand davon leben? Die Neuen verdienen deutlich weniger als wir mit den Altverträgen. Und sie sind natürlich nur befristet eingestellt. Manchmal müssen sie dann 40 Stunden die Woche arbeiten, wie soll das gehen? Bei uns herrscht dauerhafter Personalmangel.»

Eine Verkäuferin bei Aldi Süd im November 2012

—

«Ein stellvertretender Filialleiter, ganz frisch von der Ausbildung übernommen, ein sympathischer Kerl, wurde bei uns entlassen. Er hatte einer Stammkundin, die das Bargeld vergessen hatte, den Einkauf mitgegeben und einen Zettel in den Tresor gelegt. Sie brachte das Geld am nächsten Tag. Aber das ist verboten. Nur Ware gegen Geld.»

Zwei aktuell bei Aldi Süd beschäftigte stellvertretende
Filialleiter im September 2012

—

«Auf eine Kollegin von uns sind momentan, im Juni 2012, zwei Detektive angesetzt. Sie dürften uns das eigentlich nicht sagen, aber sie haben privat mit uns gequatscht. Seit über einem Jahr werden ihr ständig Fallen gestellt. Ein Geldbeutel wurde ausgelegt und die Kassen manipuliert. Aber sie klaut nie etwas. Man will sie loswerden. Angeblich haben einmal fünf Euro bei einer Kollegin im Geldbeutel gefehlt, seitdem ist die Frau im Verdacht.»

Eine aktuell bei Aldi Süd beschäftigte Verkäuferin
im November 2012

—

«Mir gefallen an Aldi mein pünktliches Gehalt und mein Team. Was mir überhaupt nicht gefällt: die viele unbezahlte Arbeit, die Überstunden, die der Bezirksleiter voraussetzt, ohne mich vorher gefragt zu haben. Eine Frechheit! Die Arbeit wird stetig mehr, erst kam Leergut, dann Frischfleisch, mittlerweile auch noch Backen, und am besten wäre es, wenn man das alles noch in der Freizeit macht, ohne Bezahlung.

Es gibt exakt einen Schlüssel pro Filiale, das heißt, wer spät die Filialleitung hat, muss am nächsten Tag wieder aufschließen. Dadurch kann die gesetzliche Ruhezeit nie eingehalten werden. Und das ist auch noch in den Arbeitsplänen schriftlich festgehalten!.

Viele Mitarbeiter werden zum Beispiel aufgefordert, Obst oder Gemüse, Brot oder Zigaretten bei Fehlbestellungen aus einem anderen Laden mit dem Privat-PKW zu holen, auf private Kosten natürlich, wenn du da mal was entgegenbringst, stehst du gleich auf der schwarzen Liste, ebenso bei Krankheiten. Da wird man vom Bezirksleiter angerufen und gefragt, ob man nicht trotzdem ein paar Stunden zur Inventur kommen kann. Und unseren Lehrlingen wurde regelrecht aufgelauert, zu Hause, um zu gucken, ob die auch wirklich krank sind. Das fing erst ganz harmlos mit Telefongesprächen an, und im nächsten Moment kam einer vorbei.

Ein Mitarbeiter in unserem Laden machte eine schlüpfrige Bemerkung über eine Kollegin, die neu war, und das wurde ganz übel hochgespielt, da wurden wir alle zu befragt, und ich meinte, ich kenne ihn und nehme das nicht ernst und man kann ja schließlich aus einer Mücke auch einen Elefanten machen. Aber da wurde ganz großes Kino draus gemacht, und er wurde entlassen; er hat natürlich selbst gekündigt. Ja, nee: is klar! Der Betriebsrat meinte, er konnte nichts mehr machen.

Ich muss als Springer in verschiedene Filialen. Wenn ich

bis 14 Uhr arbeiten muss, werde ich nicht abgerechnet und muss so lange auf die Filialleiterin warten, bis sie mich ‹rausholt›. Das ist dann mal 15 Uhr 30 oder 16 Uhr, ohne mich vorher zu fragen. Ohne Bezahlung, ist da gang und gäbe. Einmal meldete ich die Kasse ab, klingelte und stellte mich vor die Bürotür, da kam sie und hat mich angeschrien, was ich mir einbilde. Ich sagte, ich könnte nicht länger bleiben, der Kindergarten schließe gleich, und ich müsse mein Kind abholen, da ist die völlig durchgedreht. Kurz darauf musste ich ständig in andere Filialen, und auch sonntags zum Einräumen eines neuen Marktes wurde ich eingeteilt. Das alles, ohne vorher gefragt zu werden. Das ist echt hart: Da arbeitest du locker 40 Stunden die Woche und hast deine 800 Euro netto. Ein riesengroßer Unterschied zwischen Ost und West, aber leider können sie dort so verfahren, da sägt ja ständig jemand an deinem Stuhl.

Regelmäßig gibt es Taschenkontrollen. Unser Bezirksleiter verließ vor einiger Zeit mit Burnout das Aldi-Unternehmen, und die Filialleiterin durfte auch gehen.»

Eine aktuell bei Aldi Nord beschäftigte Verkäuferin
im Februar 2013

—

«Am Mittwoch, den 5. 11. 2008 reinigten Mitarbeiter der Firma T. die Fläche unter den Tiefkühltruhen. Der Filialleiter bemerkte noch vor Ladenöffnung, dass in einer Tiefkühltruhe eine offene Packung Eisfackeln lag. Als der Filialleiter diese Packung vernichten wollte, sagte ein Mitarbeiter der Reinigungsfirma, dass dies seine Packung sei, und meinte lächelnd: ‹Die gehen ja auf Kosten des Hauses.› Mindestens ein Eis aus dieser Verpackung fehlte bereits. Der Filialleiter forderte den Mitarbeiter der Firma T. auf, den Artikel zu bezahlen. Dieser Mitarbeiter bezahlte seine Packung Eisfackeln dann an der Kasse bei der Tagesvertretung. Dabei fiel der Tagesvertretung auf, dass ein weiterer Mitarbeiter der Firma T. eine bereits halb getrunkene Flasche Limonade bei ihr bezahlte.»

Aktenvermerk von Aldi an die Firma T. GmbH am 6. 11. 2008

«Wie telefonisch besprochen die Namen der am Vorfall Beteiligten. Seit dem 7. 11. 2008 sind sie nicht mehr in unserer Firma beschäftigt. Wir missbilligen das Verhalten unserer ehemaligen Mitarbeiter sehr und werden alles unternehmen, um derartige Vorfälle in Zukunft auszuschalten.»

Antwort des Geschäftsführers der Reinigungsfirma T.
an Aldi am 7. 11. 2008

—

«Bei unserem ‹Abschlussgespräch› im Januar 2004 sagten Sie mir die Ausstellung eines ‹sehr guten Zeugnisses› zu. Ihre Bedingung war eine ordentliche Kündigung meinerseits. Auf die Art und Weise, wie ich von der Firma Aldi (ohne Grund oder gar Abmahnung!) zu dieser Kündigung genötigt wurde, will ich nicht weiter eingehen. Nach meinem heutigen Wissensstand war mein Zugeständnis voreilig und unüberlegt. Heute würde ich anders handeln ...»

Auszug aus einem Brief eines Ex-Mitarbeiters von Aldi Süd
an seine Personalvorgesetzte

—

«Im September 2012 brachte mein Regionalverkaufsleiter mich erfolgreich aus dem Gleichgewicht. Mein Versuch nach sieben Monaten einer Wiedereingliederung schien erst erfolgreich, doch dann ging es auch mir wie bereits meinen drei anderen Kollegen aus unserem Bereich: Wir wurden ‹entsorgt›. Ich finde es wirklich gut, dass Sie so an die Öffentlichkeit gehen. Schade ist nur, dass wir Idioten nicht vors Gericht ziehen, weil es ja nicht zu beweisen ist und es ja keiner glaubt, weil bisher niemand an die Öffentlichkeit damit gegangen ist.»

Ein Filialleiter im Januar 2013

—

«Als Bereichsleiter war ich an der osteuropäischen Expansion beteiligt. Ich erinnere mich noch, wie ich während der Einarbeitung in der ersten Filialzeit (quasi Aushilfe) von der Filialleiterin angewiesen wurde, die TK-Zelle im Lager von oben zu putzen und zu polieren!

Wie gesagt, ich verstehe Sie sehr gut! Nach zwei Jahren hatte ich die Nase auch voll.»

Ein ehemaliger Manager im August 2012

—

«Ich habe Ähnliches erlebt – doch war ich deutlich älter als Sie und insofern spielte mir meine Lebenserfahrung und meine fachliche Sicherheit in die Karten. Heute bin ich erfolgreicher Berater und sogar bei meinem früheren Arbeitgeber mit neuer Geschäftsführung wieder auf dem Zettel.

Es war mir im Grunde klar, dass ein System wie Aldi nur funktionieren kann, wenn mit harten Bandagen und Ellenbogen gekämpft wird. Ich gebe aber gerne zu, dass mich dennoch gewisse Passagen Ihres Buchs geschockt haben. Wie kann man so sein? Warum verkaufen Menschen ihre Seele, um selbst besser dazustehen? Ich weiß es nicht.

Denn die ganzen Geschäftsführer, Verkaufsleiter, Prokuristen, Bereichsleiter und vielleicht auch die Filialleiter verkaufen sich, um eigene Vorteile in den Fokus ihres Tuns zu stellen. Es ist ihnen egal, dass das ‹Fußvolk› dabei zwangsläufig auf der Strecke bleibt.»

Ein Leser im Juli 2012

–

«Im Frühjahr bekam ich einen Bereich mit vielen ‹Altlasten›. Ich hatte die Aufgabe, die ‹Altlasten› zu ‹entsorgen›, an die sich noch kein Vorgänger von mir gewagt hatte.

Aus Loyalität zur Firma führte ich das alles aus, mit allen unangenehmen und negativen Seiten, die das mit sich brachte. Zwangsläufig schaffte ich mir dadurch viele Feinde, nämlich viele entlassene Mitarbeiter. Der Rest hatte dafür großen Respekt vor meiner Courage und Durchsetzungsfähigkeit. Auch meine sonstige Arbeit gab keinen Anlass zu Beanstandungen. Ich lebte für die Firma Aldi, richtete mein Privatleben an der Firma aus und nahm Arbeitszeiten zwischen 60 und 70 Stunden pro Woche gerne in Kauf. Niemals beklagte ich mich, ich hatte eine Herausforderung, und mir machte die Arbeit, trotz allem Negativen, auch Spaß. Ich habe und hätte fast alles gemacht, um die Firma zufrieden zu stellen.

Nun ist mein Bereich aufgeräumt, vielleicht habe ich zu viel ‹Blut an den Händen›. Plötzlich musste ich selbst mein Handy und mein Auto abgeben, ich erhielt aus total fadenscheinigen Gründen die Kündigung.»

Eine Bereichsleiterin im Juni 2012

–

«Der anfangs erwähnte Eindruck des Mitarbeiters als Kostenfaktor verstärkte sich zunehmend und fand seinen Höhepunkt mit der Erwähnung des Personals, dass Azubis zunächst nur mit ‹halber Leistung› in den Arbeitsstunden der

Mitarbeiter einkalkuliert werden. Dieser Vorteil der Azubis wird jedoch nicht dazu verwendet, zeitintensivere Betreuung zu gewährleisten, sondern lediglich, um die am Monatsende so wichtige Leistungskennzahl der Filiale zu erreichen. Mir ist bewusst, dass diese Absurdität dem enormen Wettbewerbsdruck im Lebensmitteleinzelhandel geschuldet ist, das ändert jedoch nichts an den vorhandenen Missständen.»

Ein Praktikant in seiner schriftlichen Kündigung
im Jahr 2011

–

«Ich bin ein türkischstämmiger Ex-Mitarbeiter. Ich habe einen rabattierten Artikel selbst gekauft, aber vorher extra noch bei einer Kollegin nachgefragt. Die ausländerfeindliche Bereichsleiterin nutzte diese Gelegenheit, mich, den ‹Kümmel›, loszuwerden. Sie kündigte mir fristlos. Ich war aber vor dem Arbeitsgericht, und Aldi musste richtig fett zahlen!»

Ein ehemaliger Mitarbeiter aus Bayern im August 2012

–

«Viele hier haben Ihr Buch bestellt, auch jede Abteilung hat ein eigenes Exemplar. Beide Geschäftsführer auf unserer Etage haben (wie ich auch) gestern bei offener Bürotür den ganzen Tag Ihr Buch gelesen. Ein ehemaliger Kollege hat mir berichtet, dass der Geschäftsführer von E. gestern zu einer Filialeröffnung später kam, weil er bis vier Uhr nachts noch gelesen hat. Sie sehen also, die Resonanz ist groß.»

Aus der Aldi-Süd-Zentrale im Mai 2012

–

«Im Rahmen meines Studiums zum Groß- und Außenhandels-kaufmann war ich im Februar 2013 mit meinem Studiengang Gast bei Aldi in der Logistikabteilung. Wir nahmen alle im provisorisch eingerichteten Pausenraum der Lagerarbeiter Platz und wurden feierlich von dem Geschäftsführer, der Prokuristin Logistik und diversen Bereichsleitern begrüßt. Die Vorstellung begann mit einem ‹Kurzporträt› von Aldi Süd des Geschäftsführers, das einer Propagandavorstellung glich. Das Gelächter der Studenten war unüberhörbar. Bei-spielsweise pries er als Philosophie an, dass das Wohl der Mitarbeiter im Vordergrund stehe. Wenige Minuten später erklärte er dann plötzlich, man ‹könne es nicht akzeptieren, wenn eine Mitarbeiterin morgens wegen der Krankheit ih-res Sohnes zu spät komme oder gedanklich nicht voll bei der Sache sei›.

Highlight des Vortrages war jedoch die Aussage des Ge-schäftsführers, dass Eier von freilaufenden Hühnern zwar vom Kunden gewünscht werden, jedoch in seinen Augen ‹völliger Quatsch› seien, da Hühner ‹die dümmsten aller Tie-re› seien und ‹sich selbst in großen Arealen freiwillig über-einanderstapeln›.

Anschließend wurden wir von der ca. 30-jährigen Proku-ristin Logistik begrüßt. Sie gackerte uns dann ihre Bilder-buch-Aldi-Karriere vor.»

Ein Student der EUFH im Februar 2013

Die Medien
oder «Skrupellose Praktiken»

«Aldi. Einfach billig» erschien im Mai 2012. Das Medieninteresse war schon davor groß. Der *Spiegel* nahm das Buch zum Anlass, sich näher mit Aldi zu beschäftigen, und brachte am 30. April 2012 die elfseitige Titelgeschichte «Ausgepackt – Aldi-Insider über die skrupellosen Praktiken ihres Konzerns» heraus. Der Bericht des Nachrichtenmagazins bestätigte viele meiner Erfahrungen und Informationen. Das Magazin hatte ausführlich recherchiert und dabei mit Betroffenen, aber auch mit hochrangigen Insidern gesprochen, darunter ein ehemaliger Einkäufer, ein Jurist und auch eine Kassiererin. Aus der «Tiefpreis-Religion», folgerte der *Spiegel*, resultiere ein Konzern, der Lieferanten gängele und Kunden wie Mitarbeiter überwache. Die Unternehmenskultur trage sogar paranoide Züge.

Für einen Eklat sorgte ein Ring kameraaffiner Filialleiter aus dem Großraum Frankfurt. Die Männer bedienten gerne ihren Joystick und zoomten mit Überwachungskameras offenbar bei leicht bekleideten Kundinnen auf Brüste und Pos. Was sie für ansehnlich und bewahrenswert hielten, brannten sie auf CDs und tauschten es untereinander aus. Von der «heute-show» bis «Harald Schmidt» lieferte die Geschichte auch den Comedy-Shows der Republik reichlich absurden Stoff.

Im Fernsehen stellte Günther Jauch in seiner ARD-Sendung basierend auf meinem Buch am 30. April 2012 die Frage: «Das Aldi-Prinzip – Billig um jeden Preis?». Damit entfachte er eine hitzige Debatte um den Discounter. Ich sprach in der Talkshow, gemeinsam mit Günter Wallraff, der das Buch mit einem Vorwort unterstützt hatte, den rüden Umgang mit Mitarbeitern an und präsentierte Fakten. Hunderte Aldi-kritische Reaktionen gingen bei Jauch ein. Die Wucht überraschte selbst den Moderator. Günter Jauch erreichte mit dem Thema die höchste Einschaltquote seiner Sendung bislang. Es war der Anfang einer breiten Berichterstattung in den Medien, in Fernsehen und Rundfunk sowie in Print- und Onlinemedien. Stern TV widmete dem Aldi-Skandal gleich zwei Sendungen in Folge. Zunächst ging es um die Verhinderung von Betriebsräten (siehe auch das Kapitel «Betriebsratswahlen à la Aldi Süd»), später um das System Aldi und Mobbing im Allgemeinen. Nach der ersten Sendung erhielt das RTL-Magazin mehr als 1000 Zuschriften. 607 Mails stammten von ehemaligen und aktuellen Aldi-Mitarbeitern. Davon schilderten 136 positive Erfahrungen, 471 hingegen bestätigten die Mobbing-Vorwürfe und Schikanen.

Ich sprach mit zahlreichen Zeitungen und gab Interviews. In den ersten beiden Wochen nach der Veröffentlichung hetzte ich von Termin zu Termin. In ausführlichen Gesprächen mit der *Stuttgarter Zeitung* und mit der *Süddeutschen Zeitung* erklärte ich zum Beispiel, wie Testkäufe als Druckmittel ablaufen, weshalb so viele junge Mitarbeiter bei Aldi sind und warum Kritik intern «nicht erwünscht» ist.

Hinter der langen Debatte nach dem relativ ähnlichen Lidl-Skandal aus dem Jahr 2008, der sich um heimliche Überwachung und Schikane von Angestellten drehte, blieb das Medienecho allerdings etwas zurück. Der vom *Stern* aufgedeckte Skandal hielt sich länger in den Medien und löste mehr Resonanz in der Tagespresse aus, wie jedenfalls die Fachzeitschrift *Werben & Verkaufen* ermittelte. An fast jedem Ort befänden sich Aldi-Filialen, die eigentlich genügend Stoff für regionale Geschichten böten. Doch trotz rückläufiger Budgets gebe Aldi immerhin rund 250 Millionen Euro brutto für Print-Werbung aus und sei damit der größte Anzeigenkunde der ohnehin unter dem schwachen Anzeigengeschäft leidenden deutschen Tagespresse, vermutete das Fachblatt. Gegenüber dem früheren Aldi-Manager Eberhard Fedtke, der im Dezember 2011 einige kritische «Aldi-Geschichten» aus den 1970er Jahren veröffentlicht hatte, soll eine leitende Redakteurin deutlich geworden sein: Sie wolle sein Buch nicht vorstellen, da Aldi schließlich bei ihnen werbe, berichtete *Werben & Verkaufen*. Dessen ungeachtet sanken die Imagewerte von Aldi laut YouGov erstmals unter die von Lidl.

Im Januar 2013 enthüllte Detektiv Wolfgang Paul, welche Aufträge er zur Bespitzelung von Mitarbeitern von ganz oben erhalten hatte, und sorgte damit bundesweit für Schlagzeilen, mehr dazu später.

Am 8. Juli 2013 widmete das Erste dem Thema Aldi gleich zwei Sendungen: ein *ARD-Markencheck* und eine anschließende Diskussion bei «Hart aber fair». Der Markencheck gelangte in drei Bewertungskategorien aus Verbrauchersicht zu gemischten Ergebnissen, im Bereich der Fairness aber zu einem klaren «Unzureichend». Unfreiwillig bestätigte Aldi Süd selbst, dass kaum ein Mitarbeiter dort bis zur Rente durchhält – im Jahr 2012 waren es nach Angaben des Discounters gerade einmal 64.

«In Rente gehen. Das gehört dazu. Nur nicht bei Aldi Süd», schreibt *Welt Online*. «Spannend wird es erst bei der Fairness des Unternehmens. Hier muss die Aldi-Pressestelle kräftig rudern. Denn die Anschuldigungen von ehemaligen Mitarbeitern sind nicht ohne. Die Wörter ‹Überstunden›, ‹Entlassungen› und ‹Überwachung› fallen am laufenden Band.»

Aldi äußert sich

oder «Seien wir ehrlich»

Der Discounter wurde mit zahlreichen wütenden Kunden-Mails bedacht – von manchen erhielt ich Kopien. Das Personal wurde wochenlang mit Fragen gelöchert und bedauert. Der Discounter reagierte mit ausführlichen Stellungnahmen gegenüber der Presse, seinen Kunden und den Mitarbeitern. Auszug aus einer Presseinformation:

«Grundsätzlich möchten wir auf unsere mehr als 31 700 zufriedenen Mitarbeiterinnen und Mitarbeiter (darunter allein 4300 Auszubildende) hinweisen. Als Beleg dafür kann unsere anonym durchgeführte Mitarbeiterbefragung dienen, mit der wir regelmäßig ein unabhängiges Marktforschungsinstitut beauftragen und die wiederholt eine überdurchschnittliche Zufriedenheit unserer Mitarbeiterinnen und Mitarbeiter zeigt. In unserer jüngsten Befragung im Februar 2012 gaben 84,8 Prozent der Mitarbeiter an, dass ihr direkter Vorgesetzter sie mit Respekt behandelt. 83,1 Prozent der ALDI-SÜD-Mitarbeiter würden sich erneut für das Unternehmen entscheiden, wenn sie noch einmal die Wahl hätten. Alle Mitarbeiter sind dazu angehalten, die Vorschriften des Arbeitszeitgesetzes unbedingt einzuhalten. Nicht vergütete Mehrarbeit wird weder erwartet noch geduldet. Dies wird durch den jeweiligen Vorgesetzten streng kontrolliert. Wir haben zu allen Anfragen, die in diesem Zusammenhang an uns gestellt wurden, gegenüber dem jeweiligen Absender Stellung genommen. Grundsätzlich ist es nicht Teil unserer Unternehmenskultur, in jedem Fall eine gerichtliche Auseinandersetzung mit Dritten zu suchen. Dies lässt jedoch keinen Rückschluss auf die Richtigkeit der in dem Buch ‹Aldi. Einfach billig› beschriebenen Vorgänge zu.»

—

Auszug aus einer Kundeninformation:

«Wir sind stolz, dass viele unserer Mitarbeiter bereits sehr lange für unser Unternehmen tätig sind: Aktuell sind rund 39 Prozent unserer mehr als 31 700 Mitarbeiter mehr als zehn Jahre bei ALDI SÜD beschäftigt. Dies zeugt von einer hohen Zufriedenheit, die durch die Ergebnisse unserer regelmäßig anonym durchgeführten Mitarbeiterbefragung bestätigt wird. Darin gab im Februar 2012 eine deutliche Mehrheit an, stolz darauf zu sein, für ALDI SÜD zu arbeiten. Ein Großteil würde uns Freunden oder Bekannten als Arbeitgeber weiterempfehlen.»

—

Auszug aus einer Mitarbeiterinformation:

«Anders als in den Medien beschrieben, legen wir größten Wert auf die korrekte Erfassung der Arbeitszeiten. Unbezahlte Mehrarbeit von Ihnen wird weder erwartet noch geduldet. Die erfassten Arbeitszeiten können von Ihnen jederzeit eingesehen und überprüft werden.

Wie Sie anhand vieler Ihrer dienstälteren Kolleginnen und Kollegen sehen, streben wir eine langjährige Zusammenarbeit mit unseren Mitarbeiterinnen und Mitarbeitern an. Dass wir dieses Ziel erfolgreich seit vielen Jahren verfolgen, belegt die Statistik: Rund 39 Prozent unserer mehr als 31 700 Mitarbeiter sind länger als zehn Jahre bei ALDI SÜD beschäftigt.

Zu einem fairen Umgang miteinander gehört auch ein klarer Meinungsaustausch. Regelmäßige Gespräche zwischen

Mitarbeitern und Vorgesetzten sind uns daher sehr wichtig. Wir sind stolz auf unsere Unternehmenskultur und wollen auch weiter auf diese Weise mit Ihnen arbeiten. (...)

In den letzten Tagen haben wir gegenüber sehr vielen Medien schriftlich ausführlich Stellung bezogen. Diese Stellungnahmen wurden leider nicht immer in dem von uns gewünschten Umfang berücksichtigt. Wir werden dennoch auch in Zukunft falschen Behauptungen entgegentreten und unsere Darstellung der Vorgänge vertreten.»

Zur Entkräftung der Vorwürfe verweist Aldi wiederholt auf das Ergebnis einer Mitarbeiterbefragung, die angeblich so gut ausgefallen sei. Ich kenne die Fragen und die zu bewertenden Aussagen. Der Discounter verschweigt, dass viele dieser Statements, die die Mitarbeiter mit Kästchenkreuzen von «stimme voll zu» bis «stimme überhaupt nicht zu» bewerten sollten, wenig Raum ließen für Kritik. Oder, um es mit den Worten von Aldis eigenen Anwälten in einem Schreiben vom Herbst 2012 auszudrücken: «Die Umfrage ist – wie dies von Statistikern in der Regel gemacht wird – so aufgebaut, dass nur bei gravierenden Problemen, die es mit Vorgesetzten gab, sich das schlechteste Ergebnis ergibt.» Oft tauchen relativierende Begriffe wie «insgesamt», «öfter», «häufig», «genügend» oder «überwiegend» auf. Infolgedessen werden die wenigsten ihr Kreuz in der schlechtesten Kategorie gesetzt haben.

Einige der Aussagen sind schon deshalb interessant, weil sie Aldi offenbar für nötig hielt. Aussage 61 zum Beispiel lautet: «Ich habe keine Angst, meinen Arbeitsplatz bei Aldi Süd zu verlieren.» Und Aussage 66: «Ich habe Sorgen, dass mich mein Arbeitgeber unerlaubt überwacht oder ausforscht.»

Und als wenn solche Erkundigungen noch nicht problematisch genug wären, gibt es dann noch einen Block zu den Themen Diskriminierung und Mobbing, in dem nur «ja» oder «nein» angekreuzt werden kann. Frage 72 beispielsweise lautet: «Wurden Sie bei Aldi Süd in den letzten zwölf Monaten gemobbt?». Auf Frage 73 «Wurden Sie in den letzten zwölf Monaten bei Aldi Süd sexuell belästigt?» folgt noch eine Detailliste zum Ankreuzen der Art und Weise der Belästigung: «Bitte markieren Sie alles Zutreffende».

Natürlich verschweigen die großen, zusammenfassenden Zahlen, dass die Ergebnisse im Detail mitnichten immer berauschend waren. So beteiligten sich im Bereich eines Aldi-Zentrallagers von rund 180 Mitarbeiterinnen und Mitarbeitern gerade mal 29. Und die hatten nicht unbedingt Bestnoten für ihren Arbeitgeber parat. Viele der übrigen 150 Mitarbeiter hatten entweder gar keinen Fragebogen erhalten oder aber die Befürchtung, dass die Umfrage nicht ganz so anonym ist, wie Aldi das immer wieder beteuerte.

Offenbar nicht völlig ohne Grund, wie das folgende Kapitel zeigt. Zumindest eine Mitarbeiterin weiß noch Näheres darüber, wie anonym solche Umfragen bei Aldi sind, wenn das Ergebnis, wie von den Aldi-Anwälten ausgeführt, «gänzlich unerwartet» schlecht ausfällt.

Wie intern mit kritischen Stimmen umgegangen wird, zeigt ein anderer Zeitungsartikel. In einem Gespräch mit der *Lebensmittelzeitung* am 1. Juni 2012 erklärte ein hochrangiger Aldi-Manager: «Da hat einer, der es nicht geschafft hat, ein Buch geschrieben. Die vielen anderen, die es schaffen, schreiben keine Bücher.» Beim Umsatz habe man nichts gespürt, aber manche Mitarbeiter seien sauer. Die Kritik pralle nicht spurlos am Discounter ab. Arbeitsrechtliche Schritte wie Abmahnungen würden nach den Buchstaben des Gesetzes ausgeführt, endeten manchmal in der Auflösung des Verhältnisses. «Leider wird schon das heute Mobbing genannt», zitiert die *Lebensmittelzeitung* einen, der «schon oben ist in der Hierarchie». Dennoch sei man in Sorge um das Image und darüber, dass die schlechte Stimmung gute Bewerber abhalten könnte.

Danach startete Aldi eine großangelegte Image-Kampagne mit dem Claim «Weniger Vorurteile, mehr Vorteile». In Stellenanzeigen heißt es seitdem in Anspielung auf den Buchtitel «Einfach billig» daher: «Einfach erfolgreich». Ein teurer Werbefilm wurde produziert und eine Hochglanzbroschüre, die das ramponierte Image wieder aufpolieren sollte, erstellt. «Warum Sie sich Ihr eigenes Bild von Aldi Süd machen sollten», lautet die Überschrift der Broschüre. Sie beginnt mit den Worten: «Seien wir ehrlich.» Es folgen luftige Aussagen und schöne Versprechungen.

Festgebunden und angeschwärzt
Was Auszubildende in einem Aldi-Zentrallager
erdulden mussten

«Danach wurde zur Tat geschritten – die Kneiptafel wurde
für die Fuxenbrandung vorbereitet. Teelichter wurden auf-
gestellt und Korken wurden verteilt. Jeder Kneipant nahm
zumindest einen Korken und schwärzte ihn über dem Tee-
licht. Dann begann der langsame Marsch durch die Reihe der
rechts und links angetretenen ‹Anschwärzer›. Im Schlepptau
den Brandfuxen, der rücklings auf einem Stuhl sitzend folgen musste. Die Bundesbrüder setzten dem Brandfuxen den
einen oder anderen ‹Strich› ins Gesicht, wobei wohl einmal
auch ein noch glühender Korken seinen ‹Weg› gefunden zu
haben schien. Der Brandfux ‹schimpfte› kurz – aber ein ech-
ter Chamave kennt keinen Schmerz! – Stimmt's?», fragt der
gekürzte Bericht einer Burschenschaft über die sogenannte
«Fuxenbrandung». Sie ist Voraussetzung, um zur Burschen-
prüfung zugelassen zu werden und dem elitären Club beitreten zu können.

   In einer anderen Verbindung findet sich das häufige Zu-
gehörigkeitsritual im Regelwerk, dem sogenannten Comment, verankert. Begleitet vom Cantus «Was kommt dort
von der Höh'?» muss der Brandfux noch einen vorbereiteten
Fuxenfraß und einen Fuxentrank zu sich nehmen – häufig
sehr spezielle Mischungen. Die Fuxenbrandung findet sich
im Comment unter der Überschrift «Heitere Kneipzeremo-
nien». Humor ist bekanntlich individuell. Denn «anschwär-
zen» ist eigentlich nichts Positives. Der Duden zum Beispiel
schlägt als Synonyme «entwürdigen», «herabwürdigen», «her-
untermachen», «schlecht machen» und «schmähen» vor.

Wer in eine Burschenschaft eintritt, weiß normalerweise, worauf er sich einlässt. Er kennt die erniedrigenden Aufnahmerituale, die bizarren Praktiken der Männervereinigungen, akzeptiert sie, in der Hoffnung, dazu gehören zu dürfen und später vom lebenslangen Netzwerk Gleichgesinnter zu profitieren.

Patrick H. (20) aus Lahr im Schwarzwald wollte keinem reaktionären Elite-Club beitreten, sondern seine Ausbildung zu Ende absolvieren. Sein erster Ausbildungsbetrieb, ein Getränkemarkt im Einzelhandel, ging pleite. Weil er gute Noten in der Schule und gute Leistungen im Betrieb abgeliefert hatte, bekam er sofort einen Job und konnte die Lehre im Zentrallager eines namhaften, großen, international agierenden deutschen Konzerns noch abschließen. Aldi, dachte Patrick H., das ist ein seriöser und guter Arbeitgeber. Dabei fühlte sich im Zentrallager Mahlberg, in dem er angestellt wurde, vieles gleich zu Beginn merkwürdig an.

Da waren Bereichsleiter, die ihre Mitarbeiter von einem höher liegenden Büro mit Ferngläsern beobachteten.

Da waren Kollegen, die sich auffällig unauffällig nach dem Privatleben erkundigten und Patrick H. rieten, es besser offenzulegen.

Da waren Kameras, die mitten in der Lagerhalle, in der kein Kundenverkehr herrscht, hingen und eigentlich nur der Mitarbeiterbeobachtung dienen konnten.

Da war eine Spionbox, ein kleiner Holzverschlag, vergleichbar mit einer Umkleidekabine, direkt neben den Aktionsartikeln aufgebaut. Da war, als die Türe einmal kurz offen stand, ein kleiner Hocker mit einem Kissen zu sehen, das einem Detektiv mit wachsamem Auge ein wenig Komfort bieten sollte.

Da waren kleine Sticheleien und größere Schikanen. Führungskräfte, die Fehler von Azubis gezielt provozierten und dann vor versammelter Mannschaft ins Lächerliche zogen. «Wir werden fürs Denken bezahlt, ihr fürs Arbeiten», verkündeten sie gerne.

Und nun war da auch Patrick H., der neue junge Mann, der all das mit offenen Augen und wachem Verstand beobachtete. Seine Vorgesetzten hingegen schienen sich nicht besonders für ihn zu interessieren. Nur einmal, als er ohne jemanden zu informieren mit einem neuen Wagen auf den Parkplatz fuhr, sprach ihn nach kaum einer halben Stunde der Fernglas-Manager an: «Habbe Sie e neues Audo?».

Patrick H. erduldete vieles, aber was er gleich zu Beginn seiner Zeit bei Aldi Mahlberg im Sommer 2012 erleben musste und jetzt enthüllt, ist nicht nur abartig, sondern auch strafbar: «Ich war gerade in der Halle für Aktionswaren eingeteilt und hatte einen Auftrag fertiggestellt, als der stellvertretende Bereichsleiter Warenbereitstellung Thomas K., einer meiner Chefs, mich anwies, mit meinem Flurförderzeug in den hinteren Teil der Halle zu fahren. Andere Mitarbeiter bräuchten meine Hilfe, sagte er. Mit einem Trick, eine Kiste Wein stand dort auf dem Boden, lockten sie mich zu einem Pfosten. Mehrere Mitarbeiter, die schon bereitstanden, und der stellvertretende Bereichsleiter packten mich und drückten mich plötzlich an den Pfosten. Ich wusste nicht, wie mir geschah. Einer drückte meinen Körper an den Pfeiler, zwei weitere meine Arme und ein vierter hielt meine Beine fest. Ich versuchte es zwar, aber ich hatte keine Chance, mich loszureißen und mich zu befreien. Ein weiterer Mitarbeiter band mich dann mit Verpackungsfolie am Pfeiler fest. Sie war so stark gespannt, dass ich kaum mehr atmen konnte.

Herr K. kam mit einem wasserfesten Edding auf mich zu und malte mein Gesicht an. Ich sagte ihm noch, dass ich empfindliche Haut habe und zu dieser Zeit unter einem Ausschlag litt. Aber er zeigte keine Reaktion und malte los.

Anfangs spielte ich, wohl oder übel, mit, lachte selbst noch. Was blieb mir anderes übrig? Ich wollte nicht, dass die anderen schlecht über mich denken oder mich für ein Weichei hielten. Aber mit der Zeit wurde ich aggressiver. Erst nach fünf oder zehn Minuten wurde ich endlich losgebunden. Ich war völlig außer mir und habe zuerst mein Gesicht gewaschen. Nach kurzer Zeit erfuhr ich, dass die Anweisung für diese Aktion von oben kam. Ich ging sofort zum stellvertretenden Bereichsleiter und fragte ihn. Er gab das sogar zu. Ich sei zu frech gewesen, sagte Thomas K. Wann und wie genau, konnte oder wollte er mir nicht sagen. Aber ich spürte, wie er seine Macht und sein perverses Spiel genoss. Ich war stinksauer, traute mich aber nicht, etwas zu sagen oder Anzeige zu erstatten. Ich hatte Angst, sofort wieder gekündigt zu werden, da ich noch in der Probezeit war. In den Wochen danach wurde ich immer wieder damit aufgezogen: «Sei brav, sonst kommst du an den Pfosten.»

Mir wurde außerdem angedroht, mich in das Tiefkühlabteil (−20 Grad) zu sperren.

Nach diesem Vorfall traute ich mich nicht mehr, irgendetwas in der Firma zu sagen, weil ich immer Angst hatte, dass sie wieder so etwas mit mir machen könnten. Ich konnte lange nicht mehr richtig schlafen und hatte immer diese Bilder im Kopf: Bilder für die Ewigkeit.»

Mit Wickelfolie an einen Pfeiler gebunden und mit Edding bemalt? Selbst für mich, den beim Thema Umgang mit Mitarbeitern bei Aldi wenig noch überraschen kann, ein Schock. Und schwer zu glauben.

Gäbe es da nicht Fotos und Videos. Kollegen fertigten sie während der Prozedur in bester Laune an. Einige Fotos landeten sogar bei Facebook – für Patrick H. eine weitere Erniedrigung.

Als Patrick H. an den Pfeiler musste, waren mehrere Mitarbeiter in den Plan eingeweiht. «Der stellvertretende Bereichsleiter wollte meinem jungen Kollegen einen Denkzettel verpassen», sagt Benjamin E., selbst Mitarbeiter im Aldi-Lager Mahlberg. «Er lockte Patrick H. unter einem Vorwand gezielt zu dem Pfeiler. Herr K. hatte uns genaue Anweisungen erteilt. Jeder wusste, was er zu tun hatte. Unser Chef hat sich so richtig darauf gefreut, den Azubi fertigzumachen.»

Ein bedauerlicher Einzelfall? Nein, denn es gibt mehrere Opfer des perfiden Rituals, darunter Benjamin E. selbst, der in seinen Anfängen bei Aldi Ähnliches erdulden musste: «Ich war noch Lehrling, als mich mitten während der Arbeit zwei Mitarbeiter festhielten. Mir fehlte damals noch die Kraft, um mich von den körperlich überlegenen Arbeitskollegen loszureißen. Mein Chef zückte plötzlich einen wasserfesten, dicken, schwarzen Marker und begann mein Gesicht zu bemalen. Ich versuchte anfangs noch mit dem Kopf auszuweichen. Das gelang mir aber nicht. Letztendlich musste ich alles über mich ergehen lassen. Ich litt damals unter starker Akne, aber das interessierte meinen Chef nicht. Selbst meine Augenbrauen wurden übermalt. Mein komplettes Gesicht war schwarz bemalt. Einen Grund dafür gab es nicht. Als dann die Aktion vorbei war, fuhr ich mit meinem Flurförderzeug einmal quer durch das Lager, um mein Gesicht zu reinigen. Mit Seife und Desinfektionsmittel schrubbte ich etwa zwanzig Minuten über mein Gesicht. Nachdem ich das meiste entfernen konnte, war mein Gesicht rot wie eine

Tomate. Auf dem Rückweg traf ich den Bereichsleiter, der für die Warenbereitstellung zuständig ist. Er lächelte mich nur an. Natürlich wusste er Bescheid. Hinterher wurde ich immer wieder aufgezogen mit Sprüchen: ‹Willst du noch mal angemalt werden?› Oder ‹Wenn du frech bist, wirst du wieder angemalt›.

Ich habe darüber nie mit meiner Familie oder mit Bekannten gesprochen, weil mir die Situation äußerst unangenehm war.»

Auch Christian V. kann diese Vorfälle bestätigen. Er hat seine Ausbildung ebenfalls im Zentrallager Mahlberg absolviert. «Was da teilweise abgeht, ist nicht mehr normal», sagt der junge Mann. «Ich bin froh, da weg zu sein.» Er hat selbst solche Vorfälle miterlebt. Bei Azubi Daniel W. zum Beispiel, der ebenfalls an den Pfeiler gebunden und mit Filzstift zur Belustigung der Führungskräfte «angeschwärzt» wurde. In seinem Fall bekam sogar der zuständige Prokurist Ludger K., also ein Mitglied der Aldi-Geschäftsführung, live einen solchen Vorfall mit. «Ich sehe, ihr versteht euch», soll er lapidar gesagt haben und weitergegangen sein, ohne sich auch nur im Ansatz zu wundern oder gar einzuschreiten.

Worüber sich Prokurist Ludger K. hingegen sehr wunderte und wogegen er sehr energisch einschritt, war die miserabel ausgefallene Mitarbeiterbefragung im Zentrallager Mahlberg. Aldi führt solche Befragungen regelmäßig alle vier Jahre durch. In Mahlberg entwickelte sich eine irre Auseinandersetzung, in deren Mittelpunkt auf den ersten Blick eine in Teilzeit beschäftigte Lagerarbeiterin aus Kippenheimweiler im Schwarzwald steht, die aber in Wahrheit tiefen Einblick in das System Aldi gewährt.

Offenbar ist die Furcht vor diesem Fall so groß, dass die Mitarbeiterin einer Schweigevereinbarung zustimmen musste. Ich rekonstruiere ihn daher aus den umfänglichen Akten, die mir zugespielt wurden.

Das Protokoll der Geschichte:

2.5.2000:
Der erste Arbeitstag von Melanie H. bei Aldi Süd. Alles läuft gut an. Die Halbtagskraft verdient nicht schlecht, zuletzt monatlich 1283,65 Euro brutto.

Irgendwann 2007:
Aldi bietet H. an, sich einvernehmlich zu trennen. Sie lehnt ab. In einem Schreiben der Aldi-Anwälte aus Essen heißt es später, es sei «über eine einvernehmliche Beendigung des Arbeitsverhältnisses gesprochen worden, zu der es dann aber nicht kam».

Anfang April 2010:
H. beschwert sich beim zuständigen Prokuristen Ludger K. über den rauen Umgangston ihrer direkten Vorgesetzten. Die haben Folie auf den Boden geworfen und gepfiffen: «Wegmachen.» Die Mitarbeiter fühlen sich abschätzig behandelt, «wie Hunde», heißt es in der Akte.

13.4.2010:
H. erhält kurz nach ihrer Beschwerde eine Abmahnung. Offizieller Grund: «Am 6.4.2010 fiel dem stellvertretenden Bereichsleiter Logistik (...) gegen 9:17 Uhr auf, dass Sie sich wahllos mit Ihrem Flurförderfahrzeug durch die Abteilungen der Logistik bewegten». Sie hätte sich stattdessen in

die Pause abmelden sollen, was sie «erst um 9:33 Uhr» tat. Durch dieses Verhalten sah Aldi das «in Sie gesetzte Vertrauen erschüttert».

28.4.2010:
H.s Anwalt gibt eine Stellungnahme ab: Er weist die Vorwürfe zurück. H. habe «noch 3 Paletten mit Nudelsoße mit ihrem Gabelstapler vorgezogen, damit die Folie am hinteren Teil der Palette entfernt werden kann». Aldi nimmt das Schreiben zur Personalakte.

16.7.2012:
Das mäßige Ergebnis der Aldi-Süd-weiten Mitarbeiterbefragung geht in den Regionalgesellschaften ein. Das Zentrallager Mahlberg, in dem H. arbeitet, belegt den letzten Platz im internen Zufriedenheitsranking. Die lokalen Führungskräfte haben sofort einen Verdacht: Manipulation.

27.7.2012:
H. wird für sie völlig überraschend ins Büro ihrer Vorgesetzten beordert. Sie werfen ihr vor, die Mitarbeiterbefragung manipuliert zu haben. Deshalb sei diese so schlecht ausgefallen. Den Verlauf des Gesprächs haben beide Parteien den Akten zufolge völlig unterschiedlich in Erinnerung. Fest steht: Nachdem H. ablehnt, einen Aufhebungsvertrag zu unterschreiben, erhält sie sofort eine fristlose Kündigung ohne Angabe von Gründen.

13.9.2012:
Gütetermin vor dem Arbeitsgericht Offenburg. H. hat auf Wiedereinstellung geklagt, lokale Medien berichten. Aldi wiederholt die Manipulationsvorwürfe, H. streitet sie ab.

Der *Lahrer Zeitung* sagt die alleinerziehende Mutter von zwei Kindern: «Es geht um meine Existenz.»

Sie benötige ohnehin bereits einen 400-Euro-Job, um ihr Gehalt aufzubessern. Aldi bietet ihr ein Vertragsende zum 31.01.2013 plus 18000 Euro Abfindung an. H. lehnt ab, obwohl das Angebot laut Richter «großzügig» ist. Sie will um ihren Arbeitsplatz kämpfen.

10.10.2012:

Aldi begründet die Kündigung erstmals schriftlich. Die Aldi-Anwälte einer Essener Großkanzlei schreiben zu der Mitarbeiterbefragung:

«Die Umfrage ist – wie dies von Statistikern in der Regel gemacht wird – so aufgebaut, dass nur bei gravierenden Problemen, die es mit Vorgesetzten gab, sich das schlechteste Ergebnis ergibt. (...) Es wurden 60 Fragebögen verschickt. Es hat also knapp 1/3 der Mitarbeiter einen Fragebogen per Post nach Hause erhalten. Die Fragebögen werden sodann zurückgesandt. Das läuft anonym und ohne Namensangabe.»

H. soll die Fragebögen von zwei Kolleginnen plus ihren eigenen ausgefüllt haben, «und zwar so, dass die Vorgesetzten, ‹schlecht wegkommen›.»

Das schlechte Ergebnis sei für die Aldi-Führungskräfte «gänzlich unerwartet» gekommen. «Für die zuständigen Vorgesetzten ergab sich sofort der Verdacht, dass die Klägerin doch die Umfrageergebnisse verfälscht hat.»

Weiter schreiben die Anwälte, und das ist auch im Hinblick auf den Datenschutz spannend, der Discounter wandte sich «daraufhin an diejenigen, die die Umfrage durchgeführt haben, und fragte, ob es Besonderheiten gab. Es wurde mitgeteilt, dass es in der Tat eine sehr auffällige Besonderheit gab, die aus Statistikersicht nicht zu erklären sei: Von den

60 Fragebogen seien 29 ausgefüllt zurückgeschickt worden, was normal und im Rahmen der Stichprobe ausreichend sei. Von diesen 29 Bögen seien allerdings drei exakt identisch ausgefüllt gewesen, was eindeutig dafür spreche, dass sie von einer Person ausgefüllt worden seien.»

Das Abfindungsangebot im Kündigungsgespräch habe man H. nur unterbreitet, um zu «vermeiden, dass über die Mitarbeiterbefragung im Betrieb so gesprochen würde, dass gegebenenfalls bei einer zukünftigen Befragung die Mitarbeiter ein ‹ungutes Gefühl› haben. Es sollte nicht die Mitarbeiterbefragung in Zusammenhang mit einer Entlassung gesehen werden.» Der zuständige Aldi-Prokurist Ludger K., schreiben die Anwälte, habe doch nur sicherstellen wollen, «dass die Mitarbeiterbefragung weiterhin von den Mitarbeitern als positiv empfunden wird, nämlich als Möglichkeit, anonym ihre Meinung gerade zu Vorgesetzten zu äußern.»

29.10.2012:

Ein Fernsehsender berichtet über den Detektiv Wolfgang Paul und Überwachungspraktiken bei Aldi. Auch eine Lagerarbeiterin äußerte sich anonym in dem Beitrag.

6.11.2012:

H.s Anwalt antwortet auf die Aldi-Begründung und schreibt, dass sie überhaupt keinen Fragebogen, weder den eigenen noch den von Kolleginnen, ausgefüllt und zurückgesandt habe. Sie habe zwar einen erhalten, ihn aber weggeworfen. «Viele Mitarbeiter, daran erinnere ich mich, waren sich über die Frage, ob die Anonymität gewahrt bleibt, nie sicher und haben es zu meiner Zeit mit den alle vier Jahre stattfindenden Befragungen ähnlich gehalten.» H.s Anwalt schreibt weiter:

«Wie soll es möglich sein, durch das Ausfüllen eines, zweier oder dreier Fragebögen, es denen da oben einmal richtig zu zeigen?» Er erlaubt sich noch die Anmerkung, dass «3 von 29 Fragebögen bereits mathematisch nicht ausreichen, aus einem guten oder durchschnittlichen Ergebnis ein sehr weit unterdurchschnittliches Ergebnis herbeizuführen».

8.11.2012:
H. erhält die zweite fristlose Kündigung mit Verweis auf die Fernsehsendung.

Die Aldi-Behauptung: Bei der anonymen Lagerarbeiterin, die im Beitrag als Birgit F. vorgestellt wurde, habe es sich in Wahrheit um Melanie H. gehandelt. Sie habe Schmähkritik geübt und unwahre Tatsachen behauptet. Unter anderem habe sie auf «Stasi-Zeiten» verwiesen.

In einigen Passagen sei ihre Stimme verzerrt, in einer Einblendung sei sie «allerdings ohne Verzerrung zu hören».

Der zuständige Aldi-Prokurist könne das bezeugen und «äußerst vorsorglich beziehen wir uns zum Beweis auf das Sachverständigengutachten eines Stimmsachverständigen».

Aldi will also Stasi-Vorwürfe ausgerechnet mit Geheimdienstmethoden widerlegen: ein Stimmgutachten soll es richten. Aber dazu kommt es nicht.

6.12.2012:
Das Arbeitsverhältnis von H. endet nach einer erneuten Güteverhandlung mit einem Vergleich. Die außerordentliche Kündigung wird für unwirksam erklärt. H. wird bis zum 31.1.2013 bezahlt freigestellt und erhält 18 000 Euro Sozialabfindung – also unveränderte Konditionen. Nur schweigen muss sie. Diesmal akzeptiert sie den Deal. Sie kriegt ein gutes Abschlusszeugnis. Darin steht: «Wir bedanken uns für

die stets gute Zusammenarbeit und bedauern sehr, sie zu verlieren.»

Seit September 2013 hat Aldi nun auch Patrick H. verloren. Sein befristeter Arbeitsvertrag im Anschluss an die Ausbildung lief aus. Er kennt den Fall Melanie H., will sich aber nicht mundtot machen lassen. Er ist einer der Mutigen, die sich für Verbesserungen einsetzen und zu ihrer Geschichte stehen. «Ich will andere Azubis vor diesem Laden warnen», sagt er.

Probleme im Zentrallager Mahlberg waren der Aldi-Geschäftsleitung in Mülheim spätestens seit der desaströs ausgefallenen Mitarbeiterbefragung vom Sommer 2012 bekannt, wurden aber, sofern die Ergebnisse überhaupt ernst genommen werden, vollständig ignoriert. Denn statt sich mit den Ursachen der Unzufriedenheit zu befassen, zog man es vor, zu versuchen, diejenigen ausfindig zu machen, zu schikanieren und zu entsorgen, die sie anonym zum Ausdruck brachten.

Die Aldi-Führungsriege will offensichtlich nicht wissen, was da los ist.

Für Patrick H. und viele andere junge Menschen, die das demütigende Ritual, das an Aufnahmezeremonien in Burschenschaften erinnert, und andere bizarre Praktiken der Mahlberger Aldi-Statthalter über sich ergehen lassen mussten, ist diese Ignoranz der Aldi-Top-Manager fast ebenso beschämend wie die Handlungen selbst.

«Fies, ne? Wird noch schlimmer!»

Die getürkte «Aldi-Wette» bei «Wetten, dass..?»

«Vitali, ich spüre es, die Zuschauer glauben uns immer noch nicht», sagt Wladimir Klitschko. Gerade haben die boxenden Brüder einen kleinen Zaubertrick mit einer eindeutig als solche identifizierbaren Coca-Cola-Flasche vorgeführt.

«Dann besser, hören wir auf zusammen», sieht Vitali ein. Reklame für den Film «Ocean's Eleven» haben sie ja schon gemacht, und die geschmacklosen «Fila»-Pins sitzen noch gut sichtbar an den Revers der Jacketts.

«Das kann nur noch gesteigert werden durch unsere Wette», freut sich Thomas Gottschalk. «Wir kommen zu unserer Außenwette.»

Es sollte die Höhepunktsendung von «Wetten, dass..?» des Jahres 2001 werden: Spiel und Spaß mit Thomas Gottschalk. Kurz vor Weihnachten, am Samstag, dem 15. Dezember 2001, gaben sich in Dresden Ex-Beatle Paul McCartney und seine damalige Verlobte Heather Mills, Comedy-Star Anke Engelke, Schauspielerin Heike Makatsch, Regisseur Dieter Wedel und die Klitschko-Brüder als Wettpaten die Ehre, hochkarätige Künstler wie Robbie Williams sorgten für die musikalische Begleitung.

Und dann waren da eben noch die Wettkandidaten, unter ihnen Tilo Langnaese, ein selbstbewusster schwäbischer Aldi-Filialleiter. Mit verbundenen Augen, so seine Wette vor über 14 Millionen Zuschauern, könne er die rund 700 Produkte aus dem Sortiment seines Marktes erkennen und den dazugehörigen Preis nennen.

Heike L. weiß es besser. Wenn die ehemalige Aldi-Verkäuferin an die «Wetten, dass..?»-Sendung zurückdenkt, schüttelt sie nur verständnislos den Kopf. Denn jede Verkäuferin kannte zu diesem Zeitpunkt die Preise der Artikel noch auswendig. «Aber der dachte echt, er wird nach der Sendung zum Albrecht-Enkel ernannt», lacht sie heute. So habe er sich aufgeführt. Vielleicht, weil seine Wette zugleich eine schöne Werbung für Aldi war? Bereits mehrere Wochen davor habe die Selbstinszenierung des Filialleiters mit auffälligen Proben begonnen. «Tag für Tag ließ er sich von uns Kassiererinnen die Augen verbinden und testen. Er wollte die Aufmerksamkeit der Kunden auf sich lenken und rührte natürlich kräftig die Werbetrommel für seinen Fernsehauftritt. Unser Filialleiter sagte aber nie, dass der Auftritt seine eigene Idee gewesen sei, scheinbar war das eher eine Art ‹Auftrag›. Bei den Tests stellte er dann ein Problem fest: den Kaffee. Ich habe mitbekommen, wie er mehrfach mit dem zuständigen Prokuristen in der Zentrale Aichtal telefonierte und ihm sagte, es gebe Schwierigkeiten.» Aber bei Aldi gibt es keine Probleme, nur Lösungen. Und natürlich wurde eine gefunden.

«Er ist in seinem Supermarkt, denn nur dort geht es», erklärt Thomas Gottschalk seinen Zuschauern in der Anmoderation der Wette. Weshalb eigentlich? Manch aufwendigere Wette wurde schon im Studio durchgeführt. Und Langnaese ist zudem gar nicht in «seinem» Supermarkt, wie er kurz darauf selbst erzählt, sondern in einer anderen, kurz vor der Sendung neu eröffneten Filiale. Das ZDF blendet den Filialleiter ein, der sich in einem Aldi-Markt befindet. Tilo Langnaese lächelt noch ein wenig unsicher. «Dann hätten sich deine Eltern gleich zu Iglo Langnese durchringen können, du wärst ein gemachter Mann in der Werbung», frotzelt der mit einem millionenschweren Haribo-Werbevertrag ausgestattete Gottschalk. Wie selbstverständlich, so der *Spiegel*

(3/2013), hatten die Goldbären des bekannten Bonner Süßwarenherstellers bei «Wetten, dass..?» jahrelang auf dem Couchtisch gestanden.

Im Discount-Markt steht dem Wettkandidaten als Moderatorin der Außenwette Anastasia Zampounidis zur Seite. Sie schiebt einen Einkaufswagen an die Kasse und hält gut sichtbar Aldi-Produkte in die Kamera: zwei Flaschen Wein, Hunde- und Katzenfutter in der Dose und zwei Packungen Zahnpasta.

Gottschalk erklärt im Studio noch einmal die Wette, Anastasia setzt Marktleiter Langnaese die blickdichte Brille auf, die zaubernden Klitschko-Brüder stehen, was den Ausgang der Wette anbelangt, hinter ihm.

Zurück in der Filiale: Die Kamera ruht für einen Moment auf Schoko-Weihnachtsmännern. In neun Tagen ist es ja so weit. Anastasia legt noch ein Glas Gurken zu den Artikeln, die anderen sind schon im Einkaufswagen. Eilig fährt sie an die Kasse: «So, jetzt packen wir die alle aufs Band.»

«*All die* Produkte bitte aufs Band», kommandiert, wie vorbereitet, der Marktleiter und er tippt mit den Fingern nervös auf der Kasse herum. Vielleicht, um witzig zu sein, vielleicht, damit auch der Letzte auf der heimischen Couch versteht, wo sich die grandiose Show gerade abspielt. Es ist höchst ungewöhnlich, dass in einem Aldi-Markt gedreht werden darf. Normalerweise verweigert der Discounter sämtlichen Kamerateams eine solche Genehmigung, die von höchster Stelle in Mülheim ausgesprochen werden muss. Eine seltene Ausnahme also.

Ein Rezensent der Internetplattform *Ciao* sprach in einer recht spontan wirkenden Bewertung kurz nach der Sendung von einer «Werbeveranstaltung». Er wolle nicht jammern, sondern vielmehr feststellen, dass «Wetten, dass..?» perfekt für Werbung eingesetzt werde. «Dass er Filialleiter eines Aldi-Marktes ist, kann man unschwer schon an den Kassen und Regalen erkennen. Für alle, die etwas länger brauchen, werden dann noch eindeutige Kaffeeprodukte und Hygieneartikel herausgesucht, die es eben nur bei Aldi gibt … grins!», schrieb er und erklärte die Wette zu einer «wahnsinnig gut getarnten Werbeveranstaltung».

Die Vorteile von Product-Placement liegen klar auf der Hand: Der Zuschauer nimmt die weniger aufdringliche Werbung eher unbewusst wahr und zappt nicht weg. Logisch also, dass es für große Unternehmen interessant ist, eine Spiel-und-Spaß-Show wie «Wetten, dass..?» als Plattform zu nutzen, strenge Reglements hin oder her. Denn nach 20 Uhr darf in den öffentlich-rechtlichen Sendern eigentlich keine Werbung mehr gezeigt werden.

Die *Bild*-Zeitung enthüllte 2011 Sponsoring-Verträge zwischen der Brauerei Warsteiner und «Dolce Media», der von Christoph Gottschalk, dem Bruder des berühmten Moderators, geführten Vermarktungsfirma mit Geschäftszweck «Schaffung und Vermittlung von Sonderwerbeformen». Laut *Bild* veranschlagte die Brauerei alleine 2004 knapp 1,2 Millionen Euro für die beiläufige Einblendung ihres Logos auf Bierständen bei Außenwetten. Anfang 2013 berichtete der *Spiegel*, dass offenbar auch die Autohersteller – Partner der Show: Audi und Daimler-Benz – jahrelang über trickreiche Verträge mit «Dolce Media» für die möglichst attraktive Platzierung von Fahrzeugen bezahlten. Die Autos wurden als Preise ausgelobt, regelmäßig gut wahrnehmbar eingeblendet und vom Moderator fast schon bejubelt. Das Problem: Laut Werberichtlinien des ZDF, immerhin mit 1,8 Milliarden Euro jährlich gebührenfinanziert, soll bei Gewinnspielen «jeder Werbeeffekt vermieden» werden. Dennoch scheint die

«Dolce Media» die Möglichkeit offeriert zu haben, Produkte in Wetten zu platzieren oder die Moderation zu beeinflussen, was allerdings von der Vermarktungsfirma bestritten wird. Der Marketingchef eines großen Markenartiklers hatte laut *Spiegel* (6/2013) mit ihr Gespräche über «Wetten mit Artikeln in der Sendung», aber auch über ein «Placement in der Sendung» geführt und im Frühjahr 2008 in einer PowerPoint-Präsentation für seinen Vorstand zusammengefasst.

Die Wette in Sendung 132 am 15. Dezember 2001 ist jedenfalls im Effekt eine gute und günstige Werbung für Aldi: Produkt für Produkt wird lange und deutlich sichtbar in die Kamera gehalten. Die 14 Millionen Zuschauer sehen einen kompetenten, gutgelaunten Filialleiter in einer neuen Filiale, der seine günstigen Artikel genau kennt und dessen Antworten von einer modernen Scannerkasse bestätigt werden.

In diesem Zusammenhang ist erwähnenswert, dass erst gut zwei Monate vor der Sendung, nämlich Anfang Oktober 2001, die Aldi-Süd-weite Einführung der Scannerkassen abgeschlossen worden war. Und am 1. Januar 2002 wurde das Euro-Bargeld eingeführt. Der Marktleiter hätte die D-Mark-Preise, die er im Kopf hatte, vergessen können. Denn entgegen seiner Aussage vor laufender Kamera, er sei nur für das Organisatorische zuständig, müssen Aldi-Filialleiter aufgrund der dünnen Personaldecke regelmäßig an der Kasse arbeiten. Ein Zufall, dass die Wette also zum für Aldi idealen Zeitpunkt stattfand? Der Discounter hatte gerade 7000 Kassenarbeitsplätze modernisiert und mehr als 100 Millionen Mark in ein neues Kassensystem investiert, das seinerzeit als das beste und modernste auf dem Markt gefeiert wurde. In einem Bericht darüber zitierte die *Lebensmittelzeitung*, das wichtigste Branchenblatt im Einzelhandel, einen Insider mit den Worten: «Der Mercedes unter den Kassentischen.»

Die Aldi-Manager waren stolz. Und das zeigten sie entgegen der sonst üblichen Zurückhaltung auch.

Partygurken, Duschbad und Pflanzenmargarine hat Langnaese schon zielsicher identifiziert, und seine Preisangaben sind von der gut in Szene gesetzten Scannerkasse bestätigt worden. Nun wird es «gemein», wie jedenfalls Langnaese erklärt. Anastasia Zampounidis reicht ihm eine Packung Kaffee. «Fies, ne? Wird noch schlimmer!», freut sie sich. Doch der Aldi-Mann erkennt die «Milde Bohne» von der Eigenmarke für damals 5,59 DM.

«Einmal für euch», sagt Anastasia und hält eine zweite Packung Kaffee in die Kamera. «Jetzt wird's richtig schwierig. Tilo, du schaffst es!»

Motiviert befummelt der Marktleiter die zweite Sorte Kaffee. Während er die Kanten der Packung berührt, muss er lachen. Anastasia lacht mit. Er identifiziert ihn als «Der Feine, 5,98». «Es ist der Wahnsinn», freut sich Anastasia. Wette gewonnen!

Im Lager der Aldi-Filiale blickten sich die Verkäuferinnen derweil vielsagend an, sagten aber nichts. Führungskräfte des Discounters und Mitarbeiter von «Wetten, dass..?» waren ebenfalls anwesend. Weil Anastasia den kompletten Sozialbereich der Filiale für sich alleine benötigte, waren alle anderen ins Lager verbannt worden. Dort hatten sie sich auf Bierbänke gedrängt und die Sendung auf einem eigens aufgebauten Fernseher verfolgt.

Unter ihnen war Heike L., die zusammen mit ihren Kolleginnen bei dieser Wette nachgeholfen hat, wie sie heute sagt. «Unser Filialleiter war sich bei allen Produkten ziemlich sicher. Nur bei einem gab es ein Problem: dem Kaffee. Wir hatten verschiedene Kaffeepulver im Sortiment, jedoch waren sie alle in Größe, Form und Gewicht identisch und auch noch gleich verpackt. Es gab absolut keine Möglichkeit, die Sorten auseinanderzuhalten. Wir mussten die Sorten markieren. Eine zum Beispiel durch einen Knick in der oberen Kante. Dazu nahmen wir die obersten vier oder fünf Lagen der Palette ab und schlugen sie gegen die Regalkante. Unser Bezirksleiter war ebenfalls vor Ort und überwachte die Vorbereitungen. Wir wussten alle von dem ‹Trick›.»

Selbst Thomas Gottschalk scheint verblüfft. Ausgerechnet beim Kaffee fragt er noch einmal nach: «Tilo, jetzt würde mich interessieren, woran hast du jetzt den ‹Feinen› von der ‹Milden Bohne› unterschieden?»

«Das sind unterschiedliche Merkmale, die ziemlich klein sind», behauptet der Aldi-Mann. «Bei dem einen zum Beispiel ist hier oben die Deckellasche wohl nicht richtig verklebt. Das war bei der Produktion wohl irgendwie nicht richtig, und hier fest verklebt, das ist schon mal ein Merkmal für mich. Ein anderes Merkmal, das sind die Riffelungen hier an der Seite, die sind also so minimal, Kaffee war recht gemein, muss ich sagen, ja.»

«Allerdings», bestätigte Gottschalk.

Wie bitte? Deckellasche nicht richtig verklebt? In der Produktion? Aldi, dem Selbstbild nach König der Qualitätskontrolle, verkauft also Artikel mit Produktionsfehlern? Fakt ist: Als Langnaese die zweite Packung Kaffee wieder an die Moderatorin der Außenwette zurückgibt, ist ein Knick in der Kante kurz, aber deutlich sichtbar. Dieser winzige Moment dürfte kaum einem Zuschauer aufgefallen sein, bis auf den Eingeweihten. Ein Insider, der seinerzeit bei Aldi Verantwortung trug, erklärt: «Die Kaffeepackungen ließen sich äußerlich nicht unterscheiden. Es ist einfach keine Artikel- oder Seriennummer oder sonst ein Unterschied ertastbar.» Auch ein ehemaliger Azubi, der heute in derselben Regionalgesellschaft wie Tilo Langnaese als stellvertretender Filialleiter tätig ist, erinnert sich: «Gleich in den ersten Schulungen in der Zentrale Aichtal wurde uns Auszubildenden das Video vorgeführt. Es war als Ansporn gedacht. Aber hinter vorgehaltener Hand wurde bei uns getuschelt. Im Grunde wusste jeder, dass die Sendung manipuliert war. Die Azubine, die in der Filiale von Langnaese arbeitete, musste sogar während der Vorführung lachen. Hinterher klärte sie uns dann über den Betrug auf.»

War diese ganze Inszenierung nur die Idee eines nach Selbstdarstellung drängenden Filialleiters? Dass die Trickserei bei Aldi auch in oberen Rängen bekannt war, darf angenommen werden. Aber wussten die Macher von «Wetten, dass..?» etwas? Im Lichte der späteren Enthüllungen von *Bild* und *Spiegel* drängt sich die alte Kriminalistenfrage auf: Cui bono? – Wem nützt es?

Am Ende der Wette, bevor Anastasia dem erfolgreichen Wettkandidaten noch einmal die Hand schüttelte und lächelnd auf den Kaffee tippte, sagte Gottschalk, sicher unbeabsichtigt, zwei Sätze, die wie eine Teilantwort auf die Frage klingen: «Deine Kunden werden bei dir jetzt besonders gerne einkaufen. Der Mann weiß wirklich, was er verkauft.»

Wettkönig ist der Aldi-Mann übrigens nicht geworden, Werbekönig schon eher.

Mal wieder im falschen Film

Versteckte Kameras im Einsatz

«Eine Schweinerei, dumm, schlechtes Management», wetterte Dieter Brandes unmittelbar nach dem Überwachungsskandal bei Lidl Anfang 2008 im *Spiegel-online*-Interview. Dabei habe man schon gehört, dass Lidl Personal und Lieferanten unfair behandle, ganz schlimm sei das. Und bei Aldi ganz anders. Viel besser natürlich, erklärte der schon zu diesem Zeitpunkt seit über 20 Jahren aus dem Unternehmen geschiedene «Autor und Berater», der sich gerne wie eine Art Pressesprecher des Konzerns geriert. Immerhin räumt er ein, dass es in manchen Filialen Inventurprobleme gibt, aber, so sagt er: «Deswegen muss man keine Detektive holen oder Kameras aufbauen. Aus meiner Erfahrung bei Aldi weiß ich: So was wurde immer intern geklärt.»

Wenn Wolfgang Paul heute solche Aussagen hört, lächelt er nur müde. Er hat es satt. Früher hätte er sich noch aufgeregt über so viel Dreistigkeit. Aber er hat mit dem Discounter längst abgeschlossen und mit mir zusammen das Buch «Der Schatten – Im Visier des Privatdetektivs» veröffentlicht. Knapp fünfzehn Jahre lang war Wolfgang Paul als Detektiv unentwegt für Aldi Süd und Aldi Suisse tätig. Er überwachte insgesamt mehr als 300 Filialen in sechs Regionalgesellschaften. Zwischenzeitlich beschäftigte er mehrere Mitarbeiter. Paul führte die berühmt-berüchtigten Testkäufe durch, die auch als gezielte Fehlerfallen für das Kassenpersonal missbraucht wurden. Offiziell, um die Kassierer zu sensibilisieren. Inoffiziell, um die Personalakten mit Abmahnungen anzufüttern und teurere oder unbequeme Mitarbeiter leichter entfernen zu können. Der Detektiv wurde auch für Ladenüberwachungen eingesetzt, unabhängig davon, ob Kunden oder Mitarbeiter in den Fokus gerieten. Offiziell mit den fest installierten Kameras, auf die mit Schildern hingewiesen wird. Inoffiziell immer mal wieder mit versteckten Miniaturkameras, von denen nur wenige wussten und deren Einsatz er meistens als «Sonderdienstleistung» abrechnete.

Wie aktuell das Thema ist und dass sich in der Handelsbranche trotz aller Skandale und Skandälchen nur wenig geändert hat, zeigt der Bericht eines Kaufland-Azubis, der mich kurz vor Redaktionsschluss erreicht:

«Mein Name ist Mehmet H., 21 Jahre alt. Ich befinde mich in der Ausbildung zum Einzelhandelskaufmann bei Kaufland im 3. Lehrjahr. Am 18. Dezember 2012 habe ich selbst fristlos gekündigt. Seither kann ich nicht mehr ohne Tabletten schlafen und mache mir Sorgen um meine Zukunft. Mittlerweile arbeite ich wieder über einen Bildungsträger, praktisch Vollzeit für 300 Euro im Monat. Ich bin angespannt. Jetzt hat sich auch noch meine Freundin von mir getrennt und ich weiß nicht, was ich machen soll.

Seit dem Tag im Dezember ist alles anders.

Ich begann wie immer um 6 Uhr meine Arbeit bei Kaufland und wurde um 8.30 Uhr ins Büro gerufen. Dort waren ein Detektiv, der Hausleiter und ein Bereichsverkaufsleiter. Erst ging es nur um meine Ausbildung. Bislang war man immer zufrieden mit mir, und ich hatte gute Schulnoten. Deshalb sah ich keinen Grund, ein Betriebsratsmitglied dazuzuwünschen, was mir angeboten wurde. Bei dem Gespräch über die Ausbildung blieb es aber nicht lange.

Urplötzlich schwenkte das Gespräch um und mir wurden Vorwürfe gemacht. Der Detektiv hatte offenbar mein Konto überwacht und nannte Details. Er kannte bestimmte Ein- und Ausgänge. Woher hatte er diese Daten?

Die drei Männer sahen mich streng an und fragten mich nach meinen finanziellen Verhältnissen aus. Ein Kollege von mir wurde neulich wegen Diebstahls entlassen, nun sollte mir das Gleiche unterstellt werden. Sie sagten, sie hätten Videobeweise. Ich forderte diese ein. Der Detektiv ging kurz raus, als er zurückkam, konnte mir nichts vorgelegt werden. Die drei haben so lange auf mich eingeredet, mit der Polizei gedroht und mir Angst gemacht, bis ich selbst gekündigt habe. Sie diktierten mir die Kündigung, aber ich musste sie dreimal schreiben, weil ich bei den ersten beiden Malen so zitterte, dass es unleserlich war.»

In einer Stellungnahme erklärte Kaufland, man habe den Fall intensiv geprüft. Das Gespräch sei «korrekt und in einer sachlichen Atmosphäre» verlaufen. Bei dem Konto habe es sich lediglich um das ebay-Konto des Azubis gehandelt. «Das ist richtig», ereifert sich Mehmet H. Er hätte zusätzlich noch 5000 Euro an Kaufland für die Ermittlungskosten bezahlen sollen. In einer Gerichtsverhandlung Ende März 2013 obsiegte der ehemalige Azubi jedoch. Er konnte zwar das Zustandekommen seiner Eigenkündigung nicht beweisen und sie blieb somit bestehen, aber Kaufland zog alle Vorwürfe gegen ihn zurück und verzichtete auf die Geldforderung. Seine Ausbildungsstelle ist Mehmet H. dennoch los.

Ende Mai 2013 deckte das Politmagazin «Frontal 21» den Einsatz versteckter Kameras in Penny-Filialen auf. Den Reportern gelang es sogar, den Detektiv beim Abbau der Überwachungsanlage zu filmen. Beim zu Rewe gehörenden Discounter sprach man von Einzelfällen, natürlich.

Wenn Wolfgang Paul solche Geschichten hört, lächelt er wieder müde. So sei es in der ganzen Branche, zwischen den Händlern gebe es kaum Unterschiede, sagt der erfahrene Ermittler. Er selbst war hauptsächlich für Aldi tätig, aber nicht nur, und auch von Kollegen weiß er, dass alle ähnlich arbeiten. Auch Paul sollte bei Aldi alle Auffälligkeiten hinsichtlich der Mitarbeiter melden: wer zu langsam arbeitete, wer ein Verhältnis mit wem hatte, wo finanzielle Probleme bestanden, um nur einige Beispiele zu nennen. Schriftliche Berichte fertigte er allerdings darüber nie. Alle wichtigen Informationen wurden und werden bei Aldi, eben damit sie schwieriger belegbar sind, ausschließlich mündlich weitergegeben. Ob und welche Verdachtsmomente im Einzelnen bestanden, war Paul oft nicht im Detail bekannt: Er hatte den Auftrag, zu spitzeln und Informationen zu Tage zu fördern. Die Bewertung der Ergebnisse überließ er seinen Auftraggebern.

Bei Aldi Süd war der Einsatz von versteckten Miniaturkameras eine eingeübte Vorgehensweise. In seinem Buch «Der Schatten» beschreibt Paul unter der Überschrift «Im falschen Film» einen exemplarischen Fall:

«Ungewöhnliche Situationen erfordern ungewöhnliche Maßnahmen. Es dauert allerdings ein paar Tage, bis Billi (gemeint ist hier Aldi, Red.) grünes Licht für winzig-wunderbare Funkkameras gibt, die versteckt montiert werden – zusätzlich zu den zehn bereits fest installierten Kameras. Die Aktion ist streng geheim. (...)

Über jeder Kasse hebe ich die abgehängten Deckenplatten an und bohre winzige Löcher. In jede Deckenplatte genau eines, sodass die Kamera auf den Mitarbeiter und den Scanner der Kasse gerichtet ist. Damit ihnen der Saft nie ausgeht, werden die Stromleitungen der einzelnen Kameras in der Zwischendecke bis ins Lager verlegt und ans Netz angeschlossen. Die Kameras werden mit einem WLAN-Sender verbunden, der die Videosignale per Funk überträgt. Mit einem entsprechenden Empfängergerät kann ich die Videos in einigen Metern Entfernung anschauen. (...) Ich installiere drei von ihnen über den Kassen und zwei in den Nebenräumen sowie im Büro. (...) Im Büro bringen wir eine Kamera in der Ecke des Raumes an, sodass wir die Kassiererinnen bei Befüllung und Abrechnung der Kassen beobachten können. Eine weitere bringen wir direkt über dem Schreibtisch des Büros an.»

Egal ob über den Kassen, in den Nebenräumen oder im Büro – Paul installierte seine kleinen Spionagegeräte dort, wo es seine Auftraggeber wünschten. In mehreren Filialen überwachte er sogar die Lagerräumlichkeiten, zum Beispiel im Allgäu oder im Großraum Zürich. Wenn er Zweifel an der Legalität äußerte, sagten ihm die Aldi-Manager, die Vorgehensweise sei von oben angeordnet und sei mit den Rechtsanwälten besprochen. Für einen Eklat sorgte im Januar 2013 Pauls Aussage, er habe in einer Filiale versteckte Kameras über den Spinden installieren sollen. Aber diesen Auftrag verweigerte er. In der Folge erhielt Paul keine Überwachungsaufträge mehr in diesem Bereich – ein klarer Warnschuss für den Ermittler.

Über einen Zeitraum von sechs Wochen hinweg überwachte Paul im Jahr 2007 ein Zentrallager. Über den Rolltoren des Logistikzentrums brachte er zusammen mit zwei Mitarbeitern an einem Sonntag insgesamt acht Kameras an. Die Überwachungstruppe verlegte viele Kabel, um die Aufnahmen zu zwei auf den Kühlhäusern abgestellten Aufzeichnungsgeräten mit jeweils 400 Gigabyte Speicherkapazität zu transportieren. Die Kameras liefen jeweils rund eine Woche, am Sonntag darauf wurden sie ausgetauscht, sodass die Mitarbeiter nichts davon bemerkten. Die Festplatten existieren heute noch, Paul gab lediglich mehrere CDs mit Verdachtsmomenten beim zuständigen Prokuristen für Logistik ab. Ein konkretes Ermittlungsergebnis gab es nicht.

Über diesen und über andere Fälle berichteten Wolfgang Paul und ich in Fernsehbeiträgen und Interviews, unter anderem im *Südkurier*, der Regionalzeitung am Bodensee. In einer Stellungnahme, die das Blatt auf ihrer Internetseite komplett veröffentlichte, führt Aldi aus:

«Detektive werden ausschließlich zum Zweck der Beobachtung und Überführung von Ladendieben sowie zur Verhinderung und Aufklärung von Straftaten eingesetzt. Die Grundsätze für die Zusammenarbeit zwischen ALDI SÜD und dem jeweiligen Detektivbüro werden in einem Rahmenvertrag über Detektiveinsätze geregelt. Darin ist u.a. festgelegt, dass Detektive nicht befugt sind, Überwachungskameras zu installieren und eigene Überwachungskameras zu benutzen. Unseriöse Praktiken von Detektiven, wie von Ihnen beschrieben, sind uns nicht bekannt und würden auch nicht geduldet werden.»

Die Frage ist: Weshalb sollte ein Detektiv Miniaturkameras anschaffen, sie heimlich einbauen, die Aufnahmen heimlich auswerten, alles auf eigenes Betreiben? Welcher andere selbständige Kleinunternehmer würde das tun?

Fakt ist: Ein externer Überwachungsdienstleister hat keinen Schlüssel, weder zur Filiale noch zum Zentrallager. Er muss also hineingelassen worden sein, und seine Arbeiten müssen von einem Mitarbeiter mit Schlüsselgewalt ermöglicht worden sein. Oft fanden die fragwürdigen Installationen außerhalb der Öffnungszeiten statt. Um die Scharfschaltungszeiten der Filialen zu ändern, muss mindestens ein Mitarbeiter der Bereichsleiterebene einen entsprechenden Auftrag beim Sicherheitsdienst erteilen.

Fakt ist: Detektive wie Wolfgang Paul hatten lange Zeit keinen schriftlichen Vertrag mit Aldi. Sie haben auf Zuruf gearbeitet und konnten so jederzeit wieder abberufen werden. Erst im Jahr 2010 wurden die sogenannten «Rahmenverträge über Detektiveinsätze» den Detektiven zur Unterschrift vorgelegt. Sie stellen im Grunde eher eine Selbstverpflichtung der Privatermittler dar, garantieren ihnen aber keine Rechte.

Fakt ist: Ein selbständiger Detektiv schreibt Rechnungen. Liegen die Summen über 1500 Euro, muss nach Aldi-internen Regelungen ein Mitarbeiter der Geschäftsführung, also ein Prokurist, sie freizeichnen, bei Beträgen über 5000 Euro sogar der Geschäftsführer persönlich. Detektiv Paul schickte mehrere Rechnungen über 5000 Euro, alle wurden bezahlt. Auf den meisten steht «Sonderdienstleistung»; es darf angenommen werden, dass die auf Kontrolle getrimmten Aldi-Manager wussten, wofür sie bezahlten. Aus einigen Rechnungen geht eindeutig hervor, dass Miniaturkameras eingesetzt wurden.

Fakt ist: In einem Lager gibt es keinen Publikumsverkehr. Es können also keine Ladendiebe überführt werden. Die Installation und Speicherung von solchen Überwachungsdaten ist verboten, wenn nicht zuvor ausdrücklich darauf hingewiesen wird, dass sie stattfinden.

Nachdem der *Spiegel* enthüllt hatte, dass die Geschäftsführung Paul Aufträge erteilt und Rechnungen freigezeichnet haben muss, behauptete der Discounter plötzlich, die Mitarbeiter und Fahrer seien informiert worden.

Zuerst wusste also niemand von der Überwachung, plötzlich wussten es alle. Wie genau die Mitarbeiter informiert worden sein sollen, konnte der Discounter nicht erklären. Und weshalb werden versteckte Kameras eingesetzt, in

Nacht- und Nebelaktionen ein- und ausgebaut, wenn ohnehin jeder Bescheid weiß? Diese naheliegende Frage wird sich wohl auch nicht klären lassen.

Dass Aldi seine Aufträge in Abrede stellt, ärgert den ansonsten gelassenen Privatermittler dann doch. Er ist enttäuscht. «Der Discounter», sagt er heute, «hat meine Familie zerstört und mich finanziell ruiniert.» Fünfzehn Jahre lang habe er sich aufgeopfert, die Drecksarbeiten erledigt. Paul bekam die Anfahrten zu den Filialen nicht bezahlt: weder die Kilometer noch die Zeit. Im Schnitt waren es 120 Kilometer einfache Strecke. So arbeitete er täglich fünfzehn bis sechzehn Stunden, von Montag bis Samstag, bekam aber nur elf bezahlt. Über mehr als ein Jahrzehnt hinweg ein Wahnsinnspensum. Dann wurde er aussortiert wie ein alter Handschuh. Neue, billigere Detektive spitzeln jetzt im Auftrag des Billig-Riesen.

Wie die Mitarbeiter wurde auch Wolfgang Paul über Angst und Druck geführt. Er wusste, dass er parieren muss. «Wenn Sie auspacken, machen wir Sie fertig! Sie kennen ja unsere Rechtsanwälte», sollen ihm Führungskräfte schon während seiner aktiven Zeit gedroht haben. Paul hatte tatsächlich große Angst vor Aldi. Aber am Ende hat er sich nicht einschüchtern lassen und dennoch ausgepackt. Mehrere Detektive bestätigten in der Folge seine Schilderungen. Selbst ehemalige Manager meldeten sich bei mir und berichteten, wie sie auch nach dem Lidl-Skandal noch versteckte Kameras von Detektiven montieren ließen.

Was wohl «Discounter-Kenner» Dieter Brandes, der sich bei jeder Gelegenheit für Aldi in die Bresche wirft, zu solchen Schilderungen sagen würde? Vermutlich würde er von Einzelfällen sprechen. Allerdings sollte der «Autor und Berater» vielleicht darauf achten, sich nicht die Finger zu verbrennen. Als er im Frühjahr 2008 gefragt wurde, ob es ähnliche Fälle von Mitarbeiterbespitzelung wie bei Lidl auch bei Aldi gäbe, antwortete er: «Nein. Dafür lege ich meine Hand ins Feuer.»

Der Subventionstrick

Aldi als «Unternehmen des Güterkraftverkehrs»

Jahr für Jahr fährt Aldi gigantische Gewinne ein. Mit großer Akribie und an der Grenze zum Betrug wurden dennoch auch öffentliche Mittel abgezockt. Ein Etikettenschwindel ermöglichte es, vom Discounter für notwendig erachtete Schulungen des gesamten Personals mit staatlichen Subventionen finanzieren zu lassen. Dafür wurde aus dem Discounter von 2009 bis 2011 ein «Unternehmen des Güterkraftverkehrs», jedenfalls in den Förderanträgen. Seit 2009 stellt das Bundesamt für Güterverkehr (BAG) Mittel für die notleidenden Güterverkehrsunternehmen in Deutschland zur Verfügung. Sie sollen für die «Aus- und Weiterbildung und die Qualifizierung der Beschäftigten in Unternehmen des Güterverkehrs mit schweren Nutzfahrzeugen» verwendet werden.

Da die meisten Aldi-Regionalgesellschaften mehrere eigene LKW zur Belieferung ihrer Filialen besitzen, fiel der Discounter unter die Definition der Förderberechtigten und konnte von den staatlichen Geldern profitieren, indem Kosten für «allgemeine Weiterbildungsmaßnahmen» geltend gemacht wurden. Allerdings floss der überwiegende Teil der Mittel in die Schulung und Weiterbildung des Verkaufspersonals, das wenig mit dem schweren Güterverkehr zu tun haben dürfte. In meiner Zeit bei Aldi wurden mehrere solcher Veranstaltungen von der Allgemeinheit finanziert. Ich erinnere mich besonders an die Einführung des sogenannten «Aldi Management Systems», in das die bis dahin propagierten «Führungs- und Organisationsgrundsätze» umbenannt worden waren. Die PowerPoint-Folien aus Mülheim enthielten keine wesentlichen Innovationen, aber ein paar neue englische Begriffe.

In aufwendigen Schulungen wurden also alle Mitarbeiter des Unternehmens fortgebildet, darunter natürlich auch die Fahrer, wobei diese Berufsgruppe nicht einmal fünf Prozent der Belegschaft ausmacht. Die Prokuristen, die Bereichsleiter, die Kassierer und die Azubis wurden jeweils einen halben Tag lang mit Vorträgen über die Vorzüge ihres Arbeitgebers und dessen Prinzipien im Umgang mit Personal berieselt. Mitarbeiterstunden, Verpflegung und Anfahrtskosten, alles wurde bei diesen und anderen Veranstaltungen auf ein spezielles Buchhaltungskonto mit dem Hinweis BAG und der jeweiligen Schulungsnummer gebucht. Eigens verfasste die zentrale Verwaltung einen Aktenvermerk, in dem die genaue Vorgehensweise definiert war. Als ich dennoch zwei oder drei Mal den Hinweis auf Kleinbelegen vergaß, erhielt ich wütende Anrufe von Chefs. Denn immerhin konnte sich Aldi vom BAG 60 Prozent der Kosten erstatten lassen.

Gegenüber der *Süddeutschen Zeitung,* die über die «Falschfahrer von Aldi» und die «luftigen PowerPoint-Präsentationen zum neuen Aldi-Management-System» berichtete, erklärte ich am 7. Mai 2012, der Discounter habe viel Geld kassiert. Ich verwies auf das interne Aldi-Motto: «Wir kassieren, was geht.» Aldi bestätigte lediglich, Fördermittel beantragt zu haben, nannte jedoch keine Zahlen. Auch das Bundesamt für Güterverkehr weigerte sich zunächst, genaue Informationen offenzulegen. Ein Geheimhaltungswille von Aldi könne nicht ausgeschlossen werden, erklärte die Behörde. Wohl aus gutem Grund, denn alleine zwischen 2009 und 2011 kassierte Aldi Süd in verschiedenen Programmen des Bundesamts für Güterverkehr rund 2,6 Millionen ab, Aldi Nord 1,7 Millionen Euro, wie der *Spiegel* am

30. September 2012 enthüllte. Zusammen also mehr als vier Millionen Euro Steuergelder, die mit einem billigen Trick abgegriffen wurden.

Lachen verboten
Die Selbstbedienungsmentalität der Manager

In den Aldi-Märkten wird hart gearbeitet. An der Front wird das Geld verdient. Es gelten strenge Regeln und hohe Standards, vorgegeben von den jeweiligen Regionalzentralen, die sich nur in Nuancen unterscheiden und aus den obersten Gremien stringent gesteuert werden. Über das lockere Leben der Aldi-Prokuristen in den Regionalgesellschaften habe ich bereits berichtet. Am Rande einer Tour durch das Lager erfuhr ich während meiner eigenen Einarbeitung beispielsweise: «Wenn mal eine Packung Rocher fehlt, war es meistens der Geschäftsführer», was ich beinahe noch sympathisch fände, würden nicht rangniedrige Mitarbeiter für solche und viel geringere «Vergehen» fristlos gefeuert. Zwei Beispiele:

«Drei Jahre war ich bei Aldi Nord tätig, musste etliche unbezahlte Überstunden leisten. Vor allem in den Frühschichten habe ich etliche Stunden kostenlos gearbeitet. Als ich Probleme mit dem Rücken bekam, bemerkte ich, wie man mich loswerden wollte. Die Testkäufe wurden häufiger, und schließlich hat mich mein Bezirksleiter erwischt, wie ich einen Kuchen gegessen habe. Ich habe ihn immer zu einer Tasse Kaffee, solange die Kassen noch nicht hochgefahren waren, gegessen und hinterher bezahlt. Das war nie ein Problem, aber dafür hat mir Aldi einen Tritt in den Hintern verpasst und mir fristlos gekündigt.»

«Ich war zwanzig Jahre lang LKW-Fahrer bei Aldi Süd. Den Job habe ich geliebt. Für einen LKW-Fahrer sind die Arbeitszeiten regelmäßig, und die Bezahlung war okay. Als ich in einer Filiale im Hinausgehen, ich hatte den Hubwagen in der linken Hand, eine Traube von der aussortierten Ware abzupfte und mir in den Mund steckte, stand plötzlich ein Verkaufsleiter hinter mir. Ich wurde auf der Stelle entlassen.»

Solche Schilderungen ließen sich beliebig fortsetzen, vermutlich quer durch alle Handelsunternehmen. Die Standards sind, aus verständlichen Gründen, hoch. Ich wusste, dass es in den Zentralen nicht nur um eine Packung Rocher geht, sondern dass hin und wieder «Verkostungen» stattfinden. Aber in welchem Ausmaß sich die Manager selbst bedienen, hat mich dann doch schockiert. Eine ehemalige Sekretärin erzählt:

«Unsere Chefs, die Prokuristen und der Geschäftsführer, bedienen sich grundsätzlich nach eigenem Gutdünken aus dem Lager. Sie essen, wonach ihnen ist. Jeden Mittag lassen sie sich nach vorne in die Büros oder in die Küche liefern, was sie gerade möchten – natürlich ohne auch nur einmal zu bezahlen. Während der langen Pausen unserer Chefs durften wir die Küche nicht betreten. Außer wir mussten ihnen, was öfters vorkam, die Gerichte sogar noch in unserer eigenen Pause kochen. Wir Büromitarbeiterinnen haben ab und zu abgelaufene Ware, die man aber noch essen konnte, serviert bekommen. Und wehe, wir sagten nicht ‹Danke›.»

Diese Gepflogenheiten dürften die Mitarbeitermotivation in der Regionalgesellschaft nicht eben erhöht haben. Überhaupt war die Stimmung, den Angaben der Sekretärin zufolge, eher gedrückt:

«Es gab bei uns nicht viel zu lachen, das war sogar verboten. Unsere Vorgesetzten intrigierten und versuchten, uns jedes Wort im Mund herumzudrehen. Wenn sich mehrere Mitarbeiter zu gut verstanden, war das unseren Chefs ein Dorn im Auge. So hat mir mein Vorgesetzter einmal sogar die privaten E-Mails einer Kollegin vorgelesen, die er gerade entlassen hatte. Er muss sie alle mitgelesen und sich kopiert haben. Er fragte mich dabei, ob es mir hier auch so schlecht ginge. Was sollte ich da sagen? Ich hatte ständig das Gefühl, beobachtet zu werden. Wenn wir etwas ‹Anstößiges› sagten, kam kurze Zeit später oft der Verwaltungsleiter ‹zufällig› zur Türe herein und erkundigte sich nach ähnlichen Themen.

Alle paar Wochen wurde jede von uns ‹Damen›, wir waren ja ausschließlich Frauen, zum Verwaltungsleiter ins Büro bestellt. Er machte uns so lange fertig, bis wir heulten. Erst dann war er zufrieden. Was ich nur für ein schlechter Mensch sei, dass ich keinen Charakter habe, warum mich alle Kolleginnen mies fänden, so redete er auf mich ein. Mit der Zeit lernte ich, dass es am besten ist, schnell zu weinen.»

Eine ehemalige Mitarbeiterin der Buchhaltung bestätigt solche Situationen und die Ausführungen ihrer Kollegin. Sie berichtet außerdem, wie gut es sich einige Aldi-Manager wirklich gehen lassen und mit welchen Tricks sie dabei arbeiten. Da ist von pompösen Weihnachtsfeiern, von Ausflügen in Tanzbars, von Wochenenden in Nobelhotels, von Tricksereien mit Bewirtungsbelegen bis hin zu fragwürdigen Deals mit Unternehmenseigentum die Rede. Solche und ähnliche Geschichten gibt es aus mehreren Regionen, bestätigt von Spitzenmanagern, aber ich will sie nicht vertiefen, vielleicht, um Einzelnen nicht zu schaden, vielleicht, so irre es klingen mag, aus Loyalität. Dass sich Manager selbst bedienen und dabei Gesetze außer Acht lassen, ist verbreitet. Die Gesellschaft hat sich daran gewöhnt. Bizarr wirkt solches Verhalten aber, wenn gleichzeitig mit großer Geste und harter Hand höchste Ansprüche an die Ehrlichkeit derer «da unten» gestellt werden. Wie bei Aldi eben.

Betriebsratswahlen à la Aldi Süd

Die Chronik einer Entwürdigung

Sommer 2010

Seit knapp zehn Jahren arbeiten Snezana Milenovska, Aleksandar Conda und Nenad Davidovic in Frankfurt bei Aldi Süd. Die umliegenden sozialen Probleme kommen ab und an in die Filiale: Es gibt in ihrer Innenstadtfiliale mehr Obdachlose und Arbeitslose als anderswo; manche greifen zu, ohne zu bezahlen. Die Inventuren sind seit jeher schlecht. Nun soll es ein neuer Filialleiter richten. Er wird als Top-Mann angekündigt.

Januar 2011

Die Jahresabschlussinventur fällt desaströs aus, schlechter noch als sonst, der neue Filialleiter hat «versagt». Wahrscheinlich hat er sein erstes Weihnachtsgeschäft versemmelt. Der als Hoffnungsträger Gepriesene muss Erklärungen abgeben, sich rechtfertigen. Aber er gesteht keinen Fehler ein. Er schiebt seinen Mitarbeitern die Schuld in die Schuhe. Er unterstellt ihnen sogar Diebstahl. Milenovska, Conda und Davidovic sollen Ware im Wert von Tausenden Euro entwendet haben. Vor allem für Snezana Milenovska bricht eine Welt zusammen. Die drei Kassierer schreiben einen Brief an den zuständigen Prokuristen, zuerst keine Reaktion. Als sie einen Anwalt beauftragen, wird schriftlich abgewiegelt: Sie hätten nichts gestohlen, antwortet der Verkaufsleiter in einer Stellungnahme.

Februar, März 2011

Gerüchte wabern durch die Frankfurter Aldi-Märkte. Davidovic und Milenovska werden versetzt, obwohl sie angeblich nicht unter Verdacht stehen, wie ihre Vorgesetzten immer wieder betonen. Aber bis zur nächsten Inventur sollen sie trotzdem mal wegbleiben. Davidovic und Conda werden geschnitten, fühlen sich diskriminiert: «Wir drei, die Ex-Jugo-Truppe, sollen klauen. Das ist die einfachste Erklärung», sagt Conda. Sogar LKW-Fahrer sprechen die drei Kassierer an. Sie suchen einen Fachanwalt für Arbeitsrecht auf, der lange für die IG Metall gearbeitet hat. Er schlägt ihnen vor, einen Betriebsrat zu installieren. Verdi ist außen vor, aber da sie zu dritt sind, können sie laut Betriebsverfassungsgesetz zu einer Versammlung einladen, auf der ein Wahlvorstand gewählt wird. Spätestens damit ist für Aldi das Tischtuch zerschnitten. Milenovska wird in ihrer neuen Filiale isoliert, wohl auf Anweisung von oben. Sie bekommt nicht einmal mehr einen Schlüssel, kann nur auf Nachfrage zur Toilette. Die Kollegen grüßen sie nicht. Sie arbeitet nur noch zwei Tage die Woche, macht viele Minusstunden. Davidovic und Conda, zuvor regelmäßig als stellvertretende Filialleiter eingeteilt, was zusätzliche Einnahmen für sie bedeutete, werden immer seltener für Vertretungen eingesetzt. Sie fallen auf ihr vertragliches Grundgehalt zurück. Das heißt: erhebliche finanzielle Einbußen. Aldi versucht, Conda auf seine Seite zu ziehen. Er solle sich von «dem Anwalt loseisen», dann werde er auch wieder mehr verdienen. Aber der ruhige junge Mann bleibt loyal zu seinen Kollegen.

Ende März 2011

Die Kassierer hängen ein Blatt zur Wahl eines Wahlvorstands in den vier Filialen ihrer Bereichsleiterin auf, für die der Betriebsrat installiert werden soll. Im Hintergrund wird der Ton schärfer, den Mitarbeitern wird eingeredet, was ein Betriebsrat bedeuten soll: weniger Geld, kein Urlaubs- und Weihnachtsgeld, weniger Urlaub, weil mehr Kosten für die Firma. Ein Zeuge erinnert sich: Filialleiter und Bereichsleiter sagten regelmäßig Sätze wie: «Jeder weiß, was er zu tun hat. Sie können hier ganz schnell ohne Job dastehen.»

Anfang April 2011
Fast alle 40 Wahlberechtigten erscheinen zur Betriebsversammlung. Manche werden sogar mit dem Taxi von einer Hochzeit angekarrt, alles von Aldi organisiert. Auch die Bereichsleiterin ist anwesend, angeblich auf Wunsch der Beschäftigten. Schön lesbar trägt sie sich in die Teilnehmerliste ein. Zwei Filialleiter äußern, dass man keinen Betriebsrat brauche und zunächst grundsätzlich abstimmen solle. Die große Mehrheit der Anwesenden stimmt gegen einen Betriebsrat, wenige enthalten sich. Nur drei sind dafür.
Die Kassierer wollen den Betriebsrat einklagen.

Wenige Tage später
Aleksandar Conda erhält seine erste Abmahnung wegen einer angeblich zehn Minuten verspätet eingereichten Krankmeldung. Bis November sollen noch sechs weitere folgen, unter anderem, weil er schlecht rasiert zur Arbeit erschienen sei. Zuvor hatte er neun Jahre lang keine einzige bekommen. Nenad Davidovic wird am selben Tag wegen eines fehlerhaften Testkaufs (Jacke für 7,99 Euro auf der Lenkstange übersehen) abgemahnt. Snezana Milenovska erhält mehr als 20 Testkäufe innerhalb kurzer Zeit, besteht aber alle. Die Testkäufer schaffen es nicht, sie zu überlisten.

Mitte April 2011

Snezana Milenovska wird versetzt, in einen anderen Bereich. Die alleinerziehende Verkäuferin muss jetzt mit der Straßenbahn fahren, mehr als 40 Stationen im Bus sitzen und dann noch zu Fuß durch eine düstere Gegend gehen, bevor sie ihre neue Filiale erreicht.

Zu zweit können Conda und Davidovic den Betriebsrat in ihrem Bereich nicht durchsetzen.

Anfang Mai 2011

Das Amtsgericht Darmstadt stoppt die Versetzung per einstweiliger Verfügung, da damit wohl auch die Betriebsratswahl verhindert werden sollte.

Mai, Juni 2011

Snezana Milenovska wird regelrecht schikaniert. Sie kann freie Tage nur noch beantragen, wenn sie Beweise für die Notwendigkeit vorlegt. Bei Elternsprechtagen muss sie zum Beispiel schriftliche Einladungen vorlegen – als Einzige. Sie arbeitet fast nur noch in der von fast allen Kassierern ungeliebten Spätschicht, darf ihre gesetzlich vorgesehenen Pausen teilweise nicht mehr einhalten und muss sogar regelrecht betteln, wenn sie nur mal zur Toilette muss.

Juli 2011

In einem Gespräch werden Filialleiter und Bereichsleiterin deutlich. Snezana Milenovskas Anwalt schreibt, seine Mandantin wurde «gerufen, um sie zur Rede zu stellen. Frau Milenovska wurde in diesem Gespräch persönlich angegriffen, ihr wurde mitgeteilt, dass man auf ihre weitere Mitarbeit keinen Wert lege, da alle anderen Mitarbeiter/innen sie ‹hassen› würden. Sie sei darüber hinaus krank und müsse endlich zur Kenntnis nehmen, dass die Belegschaft keinen Betriebsrat wünsche. Ihr wurde gesagt, sie sei eine schlechte Mutter und habe psychische Probleme. Meine Mandantin bekam daraufhin keine Luft mehr, hatte erhebliche Kreislaufprobleme und verließ den Aufenthaltsraum. Im Verkaufsraum brach sie mit einem Kreislauf- und Nervenzusammenbruch zusammen. Der zuständige Notarzt diagnostizierte einen Nervenzusammenbruch nach Mobbing.»

Als die Verkäuferin noch am Boden lag, kam die Bereichsleiterin hinzu und wies den Rettungsdienst darauf hin, dass Frau Milenovska nur markiere und er sich nichts vormachen lassen solle. So steht es im Unfallbericht der Branddirektion der Stadt Frankfurt am Main.

Ende Juli 2011
Die drei Verkäufer fahren, unabhängig voneinander und seit langem geplant, in den Urlaub.

Fünf Tage später
Eine Wahlversammlung tagt, drei Filialleiter werden in den Wahlvorstand gewählt, die Bereichsleiterin ist wieder mit dabei. Ein Insider: «Das sind Aldi-loyale Leute.» Plötzlich stimmen alle Mitarbeiter für den Betriebsrat, obwohl doch vor kurzem noch fast alle dagegen gestimmt haben. Die Idee: Wenn man den Betriebsrat schon nicht mehr verhindern kann, dann will man ihn wenigstens mit Getreuen besetzen.

August 2011
Ich erfahre von dem Fall. Nach einem kurzen Telefonat, bei dem ich außer den Worten «Schikane» und «Mobbing» aus der aufgelösten Frau Milenovska nicht viel herausbekommen kann, vereinbaren wir einen Termin.

Wenige Tage später

Ich besuche sie daheim. Frau Milenovska wohnt in Offenburg nahe Frankfurt. Es duftet nach Kaffee und frischen Brötchen, sie hat ein riesiges Frühstücksbuffet vorbereitet, wie sie es in der Hotellerie gelernt hat. Ihre Wohnung ist geräumig, luxuriös eingerichtet, sie trägt teure Markenklamotten. Später erfahre ich: Sie hat gut geerbt. Milenovska macht kein Geheimnis aus ihrem Wohlstand. Vielleicht ist deshalb auch Aldi stutzig geworden. Unter vielen Tränen erzählt sie mir ihre Geschichte, später stoßen noch Conda und Davidovic hinzu, die an diesem Tag Frühschicht hatten und ebenfalls berichten. Ich gebe ein paar Ratschläge und ermuntere die drei, durchzuhalten.

Am frühen Nachmittag kommen Frau Milenovskas Kinder von der Schule heim. Sie kümmert sich rührend um sie, ist wahnsinnig stolz. Die beiden gehen aufs Gymnasium, die Tochter, das ist die Große, soll einmal Rechtsanwältin werden. «Sie sollen es später besser haben», sagt die Mutter und weint wieder.

Mitte September 2011

Bei den Wahlen konkurrieren zwei Listen: die ungeliebten Kassierer auf der einen und ihre Vorgesetzten auf der anderen Seite. Die Filialleiter konnten im Vorfeld Werbung machen, die Kassierer durften ihren Arbeitsplatz nicht verlassen. Es kommt zur Wahl. Die Bereichsleiterin soll laut Davidovic per Videoüberwachungsanlage aus dem Büro dabei gewesen sein, was Aldi jedoch bestreitet.

Vier Tage später

Aldi hat jetzt einen Betriebsrat, bestehend aus eigenen Filialleitern. Genau am Tag der Verkündung wird Frau Milenovska zu einem weiteren Gespräch mit der Bereichsleiterin und dem Filialleiter zitiert. Ihr Anwalt schreibt darüber: «In diesem Gespräch wurde ihr vorgeworfen, sie sei ein Störfaktor, die Situation sei unerträglich, sie schade dem Unternehmen. Darüber hinaus wurden ihr Abmahnungen übergeben, weil sie angeblich Gerüchte verbreitet haben soll. Sie wurde als Lügnerin und Psychopathin beschimpft und werde das Sorgerecht für ihre Kinder verlieren. In Folge dieses Gesprächs erlitt meine Mandantin erneut einen Nervenzusammenbruch.»

Wenig später
Der Fachanwalt für Arbeitsrecht legt Widerspruch gegen die Betriebsratswahl ein. Die Anfechtung soll im Januar stattfinden.

Die 400-Euro-Kraft, die für die andere Liste stimmte, wird derweil gefeuert. Ein Mitarbeiter, der sich enthielt, wird gemobbt. Als er Rückenprobleme hat, sagt die Chefin angeblich: «Machen Sie Sport oder schlucken Sie Tabletten, aber wenn Sie krank werden, fliegen Sie raus.»

Kurze Zeit darauf ist dies der Fall.

Herbst 2011
Die Filialleiter, die sich für den Betriebsrat haben aufstellen lassen, erhalten höher dotierte Verträge.

Davidovic informiert den «Marionetten-Betriebsrat» über einen Unfall seines Kollegen. Der Betriebsrat fragt zurück, was er machen soll. Er blamiert sich. Die Bereichsleiterin untersagt Anfragen beim Betriebsrat ohne Termin. Wenig später lässt sich Davidovic einen Termin geben. Der Betriebsrat ist gespannt, worum es diesmal geht. Der Kassierer erklärt ihm, er brauche vier neue Hemden.

Das Mobbing seitens Aldi geht weiter: Das schwächste Glied des Trios, die alleinerziehende Snezana Milenovska, wird verstärkt ins Visier genommen. Aldi «vergisst», ihr die Prämie für das zehnjährige Betriebsjubiläum zu zahlen. Als Einzige wird sie nicht zur Weihnachtsfeier eingeladen. Das bringt für die Verkäuferin das Fass zum Überlaufen. Ich erinnere mich, wie sie sich am Telefon, als sie mir davon berichtete, kaum mehr beruhigen konnte. Sie fühlte sich entwürdigt. Die Kräfte schwanden.

Januar 2012
Mit Aldi werden im Hintergrund Beendigungslösungen ausgehandelt. Ich treffe die drei vor der Kanzlei ihres Anwalts, rate ihnen, das Angebot von Aldi anzunehmen. Sie haben keine Kraft mehr. Alle drei werden unter Fortzahlung ihrer Bezüge freigestellt und erhalten hohe Abfindungen.

Ende April 2012
Die *Süddeutsche Zeitung* berichtet über den Fall, er schlägt bundesweit Wellen.

Anfang Mai 2012
Die drei Fast-Betriebsräte und ihr Anwalt sind zusammen mit Aldi-Nord-Veteran Manfred Birkhan zu Gast bei *SternTV*. Es gehen über 1000 E-Mails von weiteren Mobbing-Opfern und Aldi-Geschädigten bei *SternTV* ein.
Eine Woche später folgt eine weitere Sendung zum Thema.

Ende Mai 2012
Snezana Milenovska erstattet Strafanzeige gegen ihre frühere Vorgesetzte, die Bereichsleiterin, wegen «Bedrohung, Nötigung, Körperverletzung und unterlassener Hilfeleistung».

Juni 2012

Die zuständige Bereichsleiterin verlässt Aldi.

November 2012

Der zuständige Verkaufsleiter und Prokurist verlässt Aldi.

Dezember 2012

Das Ermittlungsverfahren gegen die nunmehr Ex-Bereichsleiterin wird eingestellt. Snezana Milenovska ist enttäuscht, aber nicht mehr wütend. Die Wunden sind verheilt, es bleiben aber Narben zurück.

Ende Januar 2013

Das Wiedersehen. In Frankfurt regnet und hagelt es, die Stadt ist noch kälter als sonst. Wir treffen uns an einem Sonntag auf der Zeil. Nenad Davidovic hat abgesagt, wegen familiärer Verpflichtungen. Er arbeitet jetzt in Vollzeit bei Rewe. Er gebietet dort, dem Vernehmen nach zu seiner Zufriedenheit, über die Obst- und Gemüseabteilung, nur fünf Minuten von seiner ehemaligen Aldi-Filiale entfernt. Snezana Milenovska begrüßt mich schon von weitem überschwänglich, Aleksandar Conda hält sich wie immer vornehm im Hintergrund. Milenovska ist aufgeregt und erzählt von ihrem neuen Job in der Frühsortierung beim Paketdienst UPS, wo auch Conda vorübergehend untergekommen ist. Dort werden die Arbeitszeiten genau erfasst, es herrscht gute Stimmung und die beiden verdienen 15 Euro die Stunde. Nebenbei arbeitet Milenovska in einer Bäckerei. Sie verdiene jetzt viel mehr und könne besser planen, weil sich ihre Arbeitszeiten nicht permanent ändern. Conda hat eine Vollzeitstelle bei einem Getränkemarkt in Aussicht.

Nicht zum ersten Mal geriet Aldi wegen seines Verhältnisses zu Betriebsräten unter Beschuss. Im Frühjahr 2010 wurde öffentlich, dass Aldi Nord über eine Essener Anwaltskanzlei verdeckte Zahlungen an die AUB, eine arbeitgeberfreundliche Betriebsräteorganisation, geleistet hatte, um ein Gegengewicht zu Ver.di zu schaffen. Bis zum Jahr 2006 hatte der Discounter insgesamt 350 000 Euro, unter anderem für die Schulung von Betriebsräten, gezahlt. Bei Aldi Süd versuchten 2010 drei Kassiererinnen in München einen Betriebsrat zu gründen. Obwohl sie von Ver.di unterstützt wurden, scheiterten sie. Aldi-Manager hatten dem übrigen Personal, so die *Süddeutsche Zeitung*, mit der Streichung von Weihnachts- und Urlaubsgeld gedroht, die Mitarbeiter verstärkt beobachtet und waren bei der Versammlung zur Bildung eines Wahlvorstands anwesend.

Ob Aldi seine mitbestimmungsfeindliche Politik noch lange durchhalten kann, darf bezweifelt werden. Gewerkschaftern ist die betriebsratsfreie Zone bei Aldi Süd schon lange ein Dorn im Auge, und sie verspüren derzeit Aufwind. Aber letztlich sind es mutige Mitarbeiter selbst, die die Initiative ergreifen müssen.

«Und da gab es Ratten»
Mobbing bei Aldi Süd

«Ich habe niemanden. Ich brauche jemanden ... Ich mache das nicht, um Aufmerksamkeit zu erregen ... Ich mache das, um eine Inspiration zu sein ... Jeder hat eine Geschichte, und jeder wird irgendwann eine glückliche Zukunft haben», erklärte Amanda Todd in einer stumm vorgetragenen Videobotschaft im Herbst 2012. Das 15-jährige Mädchen erlangte wenig später als Opfer von Cybermobbing traurige Berühmtheit, weil sie den Freitod als letzten Ausweg für sich sah. Sie hatte die Hänseleien ihrer Mitschüler, nachdem ein Nacktfoto im Internet kursierte, nicht mehr ausgehalten. Der neunminütige Hilferuf auf YouTube sorgte weltweit für Aufsehen. Das Beispiel zeigt, welche dramatischen Folgen Mobbing haben kann.

Heinz Leymann definierte das Phänomen 1993 als «negative kommunikative Handlungen (von einer Person oder mehreren Personen), die gegen eine Person (oder mehrere Personen) gerichtet sind und die sehr oft und über einen längeren Zeitraum hinaus vorkommen und damit die Beziehung zwischen Täter und Opfer bestimmen».

Konkret bedeutet das im Arbeitsleben oft: anspruchslosere oder sinnlose Aufgaben, soziale Isolation, ständige (ungerechtfertigte) Kritik an der Arbeit und die Verbreitung von falschen Tatsachen. Die Betroffenen werden gezielt seelisch verletzt und gequält.

Mobbing ist bei Aldi verbreitet. Wer gehen soll, wird oft schikaniert. Manager des Discounters versuchen so, geltendes Arbeitsrecht zu beugen und den Mitarbeiter von selbst zum Gehen zu bewegen oder aber einen für das Unternehmen kostengünstigeren Aufhebungsvertrag abzuschließen. Ungünstigere Arbeitszeiten, Versetzungen, konstruierte Kritikpunkte und inflationäre Abmahnungen, um nur einige Punkte zu nennen, sind gängig. Ich könnte zahllose Fälle und Beispiele aufschreiben, sie würden sich im Grunde alle ähneln (siehe auch mein Buch «Aldi. Einfach billig»). Fast in allen Trennungsprozessen, die ich seither verfolge und selbst erlebt habe, spielen solche Methoden im Vorfeld eine Rolle. Der Mitarbeiter soll mürbe gemacht und weichgekocht werden. Die Kreativität der Billig-Manager, die ansonsten gern nach «Schema F» arbeiten, kennt da manchmal keine Grenzen.

Franziska B., zum Beispiel, wurde mit erfundenen Vorhaltungen und üblen Gerüchten terrorisiert. Nach zwei Jahren Ausbildung bei Nordsee absolvierte sie ihr drittes Lehrjahr bei Aldi Süd und wurde anschließend befristet für ein Jahr übernommen. Als sie sich für eine junge Kollegin einsetzte, die wiederholt von Führungskräften im Laden angeschrien wurde, geriet sie selbst ins Visier. «Es musste ein neuer Sündenbock her, an dem der Druck abgelassen werden konnte», sagt die Verkäuferin.

Seither wurden bei ihr Fehler gesucht und penibel notiert. Die Protokolle liegen mir vor. Mal soll sie ein Preisschild falsch aufgehängt, mal sich in einem Kleinbeleg vertippt haben und mal zu kulant zu Kunden gewesen sein. Immer wieder wurde sie zu Gesprächen ins Büro zitiert. Anfänglich wehrte sie sich noch, irgendwann resignierte sie. Ihre lokale Vorgesetzte streute das Gerücht, Frau B. sei magersüchtig, gar an Bulimie erkrankt, und die junge Frau habe einen Waschzwang. Es sei nicht normal, wie oft sie sich nach der Arbeit an der Kasse die Hände wasche. Die Filialleiterin soll demonstrativ nach B.s Pausen die Mülleimer daraufhin kontrolliert haben, ob sie etwas von ihrem Essen weggeworfen hatte. Auch wie lange sie auf der Toilette war, wurde kontrolliert: «Zum Kotzen?»! Die Filialleiterin, erzählt Frau B., habe sich vor die Tür gestellt und ihr hinterher vorgeworfen, das Wasser sei zu lange gelaufen.

«Geh mal zum Psychiater», soll die Marktleiterin mit Rückendeckung von oben gesagt haben.

«Ich bin schon immer so dünn», entgegnete B.

«Dann sind Sie ja schon immer so krank im Kopf.»

Dabei habe sie bei Aldi sogar noch zwei Kilo zugenommen, sagt Frau B.

Schließlich wollte die Bereichsleiterin mit Franziska B. «eine gemeinsame Lösung» finden. Bei Aldi heißt das bekanntermaßen: Auflösung. Aber Frau B. unterschrieb nicht. Es seien Gerüchte im Umlauf über ihre Magersucht, behauptete die Bereichsleiterin. Ihr Verhalten sei «unzumutbar», B. zeige keine «Dankbarkeit». Man werde Mittel und Wege finden, den Vertrag zu beenden, soll die Bereichsleiterin noch gedroht haben, was aber nicht gelang. Franziska B.s Vertrag lief im Juni 2012 einfach aus. Heute arbeitet sie in einem Autohaus und sagt: «Zum Glück bin ich draußen, raus aus diesem Höllenloch.»

Aldi räumte die Vorwürfe von Franziska B. auf Anfragen des ZDF sogar ein, erklärte aber, man habe sie bislang nicht gekannt. Ein weiteres perfides Beispiel aus der Region Stuttgart:

«Ich hatte mich nach einem neuen Arbeitgeber umgesehen, und dies ist bei Aldi unter Strafe gestellt. Ich sollte gehen, am besten von alleine. Um mich noch mehr psychisch unter Druck zu setzen, musste ich in Zivilkleidung Rattengift kaufen und dies im Bereich Container/Warenanlieferung verteilen. Unter den belustigten Augen des Filialleiters, der wusste, dass ich eine Rattenphobie habe. Und dort gab es Ratten. Die ‹braven› Mitarbeiterinnen mussten dann, wenn wieder Ratten gesichtet wurden, nie Kartonagen oder Abfälle entsorgen gehen, denn da gab es ja Ratten. Kammerjäger wurden nie gerufen, der ‹gute› Ruf von Aldi …»

Ratten bei Aldi? In allen Betrieben, die mit Lebensmitteln arbeiten, kann es hin und wieder zu Schwierigkeiten mit ungebetenen Gästen kommen. Wie mir allerdings mehrere Mitarbeiter und ein Lokaljournalist übereinstimmend berichten, gab es offenbar in der Region Stuttgart über einen längeren Zeitraum hinweg ein massives Rattenproblem, das von Aldi vertuscht wurde. Ein Mitarbeiter erinnert sich: «Die ganze Rattenproblematik dauerte etwa 6 bis 12 Monate, überwiegend im Jahr 2008 (…) an, aber soweit ich weiß, wurde das nie öffentlich bekannt. Die Ratten wurden bei uns meistens mit dem Toilettenpapier und mit den Kartoffelprodukten, vor allem mit den Chips, ausgeliefert. Sie wurden aus dem Zentrallager lebendig in die Filialen geschickt. Dort vermehrten sie sich und breiteten sich aus. Einige Kunden sprachen uns darauf an, aber wir stritten natürlich alles ab. Wir hatten häufig das Problem, dass sie nachts die Bewegungsmelder auslösten. Ein Mitarbeiter musste dann in die Filiale fahren, zusammen mit der Polizei reingehen und meistens den Alarm wieder zurücksetzen, weil ihn ja nur die Tierchen ausgelöst hatten.

Ein Bild werde ich nie vergessen: Als der Kammerjäger bei uns in der Filiale war und sein Rattengift, einen Blutverdünner, verteilt hatte, fand ich nach ein paar Stunden etliche Ratten um die Papierpresse herum verteilt. Alle tot. Ich weiß nicht mehr, wie viele es waren, vielleicht 50. Ein Horror!»

«Es wird schon was gewesen sein ...»

Entlassung und sozialer Absturz – drei Fallgeschichten

Die beiden dunklen Limousinen glitten unauffällig durch das winterliche Allgäu, passierten malerische Landschaften und verträumte Dörfer. Trotz ihrer Anspannung fuhren die Lenker vorsichtig und beschleunigten ihre Fahrt erst auf der Autobahn 7 gen Norden. Sie wollten an diesem frühen Morgen unter keinen Umständen auffallen. Eine knappe Stunde waren die beiden Männer im Audi A6, die kaum ein Wort miteinander sprachen, und die Frau, die ihnen im Audi A4 folgte, unterwegs. Was heute geschehen sollte, war allen klar. Nicht aber, wie es enden würde.

«Wie geht es Ihnen?», hatten sie Hubert B. noch gefragt, bevor sie ihn, ohne seine Antwort abzuwarten, anwiesen: «Steigen Sie ein, wir fahren nach A.»

Sie nahmen eine Abfahrt kurz vor der Stadt, bogen nur wenige Meter danach in ein graues Industriegebiet ab und steuerten auf ein unscheinbares Flachdachgebäude zu.

Da habe er bereits gewusst, dass es vorbei ist, sagt B. heute. Ich treffe ihn in einem Schnellrestaurant in München, wo niemand nach links oder rechts sieht. Er spricht leise, fast wirkt er schüchtern. Manchmal lächelt er verschmitzt. Warum er sich ständig umdreht, frage ich ihn. Ja, warum eigentlich, antwortet er; dass ihn jemand verfolgen könnte, jetzt, fast drei Jahre später, halte er für unwahrscheinlich. Aber sicher ist sicher. Die Wochen und Monate vor dem 26. November 2009, aber vor allem dieser eine Tag, verfolgen ihn bis heute.

Obwohl er ahnte, was kommen würde, stieg er damals auf

dem Parkplatz der Aldi-Süd-Filiale, die er seit vielen Jahren leitete, freiwillig in den neuen, frisch gewaschenen Dienstwagen des abgesandten Prokuristen aus der Zentrale ein. Seine direkte Vorgesetzte, eine intrigante Bereichsleiterin, zuständig für mehrere Filialen im Umkreis, fuhr hinterher. B. zog während der Fahrt den Ärmel des blauen Aldi-Hemds, das er pflichtbewusst trug, zitternd zurück und sah mehrmals auf die Uhr. Er versuchte, sich zu konzentrieren, sich innerlich vorzubereiten. Denn der traurige Höhepunkt seiner Discounterkarriere stand kurz bevor.

Vor dem unscheinbaren Gebäude in A., einer regionalen Aldi-Verwaltung, angekommen, öffnete B. die Tür des Wagens. Der Aldi-Manager am Steuer prüfte mit vorwurfsvoll-besorgter Miene den Innenraum. Er hatte gerade erst gesaugt.

«Mitkommen», herrschte er B. an, und in Begleitung seiner Vorgesetzten tat der, wie ihm befohlen. Sie betraten das Gebäude. Die Türen des Vorraums öffneten sich automatisch, eine eilig herbeihuschende Sekretärin entsperrte die Haupttür. B. nahm die in geduckter Haltung in ihre Tasten tippenden Mitarbeiterinnen, die ihn neugierig ansahen, nur aus dem Augenwinkel wahr. Er betrat die Aldi-Verwaltung und wurde in ein spezielles, für ihn den ganzen Tag reserviertes Zimmer gebracht: den Aldi-«Verhörraum».

Ich kenne ihn. Der Raum ist, wie so vieles bei Aldi, völlig unscheinbar. Abgewetzte Stühle, ohne Polsterung, versteht sich, umringen einen billig furnierten Konferenztisch. Ins linke Eck quetscht sich ein kleines Schränkchen, auf dem ein altmodisches Telefon steht. Mehr gibt es hier nicht. Mattes Tageslicht fällt durch ein Fenster, das in Richtung Parkplatz weist, in den Raum. Ein unweit vorbeifließender Fluss wird für den häufigen Nebel, den draußen, verantwortlich gemacht. Die Wände wirken trist und grau. Von Bildern oder gar Farbe keine Spur. Weil der große, ovale Konferenztisch so viel Platz einnimmt, herrscht ein beklemmendes Gefühl von Enge. Es ist kein Ort, an dem man sich wohlfühlt. Vor allem kein Ort, an dem man sich wohlfühlen soll. Frische Ware wird hier getestet, aber Lieferanten und Mitarbeiter kommen auch hierher, wenn es Probleme gibt. Wer hier landet, ist von der Außenwelt abgeschnitten, denn der Aldi-«Verhörraum» bietet einen weiteren, entscheidenden Vorteil: Anders als in weiten Teilen des restlichen Gebäudes gibt es hier keinen Handyempfang.

Peter B. hat dort die längsten Stunden seines Lebens verbracht, wie andere vor und nach ihm. Irgendjemand hatte beschlossen, dass es aus war. Also mussten sie irgendwelche Gründe finden, um ihn irgendwie loszuwerden. Ginge es nicht um seine Existenz, hätte sich B. geehrt fühlen können, denn an diesem Ort werden nur die ganz harten Fälle bearbeitet. Diejenigen, die wahrscheinlich nicht sofort das Ende ihres Arbeitsvertrages akzeptieren, bei denen mit Gegenwehr zu rechnen ist und bei denen es für den Discounter teurer als üblich wird.

B. musste am Ende des ovalen Tisches Platz nehmen, die Anzugträger positionierten sich ihm gegenüber. Er saß mit dem Rücken zur Tür und blickte nach draußen, auf den Parkplatz. Dort war die Freiheit. Aber er gab sich nicht so leicht geschlagen, wenngleich sie ihn weichkochten. Seine Vorgesetzten saßen mehr als zwei Meter von ihm entfernt und brüllten ihn an. Bereits in den Wochen zuvor hatte er immer wieder Kritik zu hören bekommen: Mal hieß es, er sei «zu hart», mal konnte er sich angeblich «nicht durchsetzen», mal war er «zu langsam», und jedenfalls, das schien festzustehen, sei er «keine Führungspersönlichkeit».

Manchmal flüsterten seine Gegenüber am Tisch, appellierten an seine Vernunft. Sie spielten «good cop – bad cop». Ein Spiel mit B.s Angst um seine Zukunft. Er dachte an die Eigentumswohnung, die noch nicht abbezahlt war, an seine Frau und an die beiden Kinder, für die er Verantwortung trug, und an seinen Ruf in seinem Heimatort.

In B.s Personalakte findet sich lediglich ein Verweis. Er wurde regelmäßig getestet, aber seine Vorgesetzte, obwohl sie sich zuletzt nach Kräften mühte, fand kaum etwas. In den 23 Jahren, die er für Aldi Süd als Filialleiter tätig sein durfte, hat er angeblich einmal Alkohol an eine Siebzehnjährige verkauft. B. hat sich aufgeopfert für Aldi, zeitweise vierzehn bis fünfzehn Stunden täglich gearbeitet, etliche unbezahlte Überstunden geleistet. Er sagt, er hätte sein letztes Hemd für das Unternehmen gegeben. B. hat die rüden Discounter-Umgangsformen erduldet, sich von Aldi-Prokuristen als «Drecksau» und «notgeiler Bock» beschimpfen lassen, weil jemand im Pausenraum eine *Bravo* liegen gelassen hatte.

Als sie ihn loswerden wollten, erhöhte der Discounter den Druck: B. bekam Sonderaufträge, seine Filiale unterlag verstärkten Kontrollen, er musste das Personal knapper einteilen. Seine Mitarbeiter, denen das nicht passte und die seine Anspannung bemerkten, wurden gegen ihn aufgewiegelt. Er habe sich verändert, er sei so hart und in anderen Filialen laufe es doch viel besser, brachte seine Vorgesetzte in Umlauf. Plötzlich tauchte da eine Mitarbeiterbeschwerde auf: ohne Namen, ohne Ort, ohne Datum. Sie liest sich nicht so, als hätte sie eine Aldi-Verkäuferin verfasst. B. hegt einen anderen Verdacht.

Im «Verhörraum» wurde er damit konfrontiert und musste sich erklären. B. bekam nichts zu essen. Erst auf nachdrückliches Verlangen wurde ihm nach Stunden schließlich ein Wasser gebracht. «Ich will die Trennung», brüllte der Aldi-

Prokurist wieder und wieder. «Sie kommen hier nicht vorher raus! Hier geht es nur noch ums Geld.»

B. wollte seinen Anwalt anrufen, die Entscheidung vertagen, aber sie setzten ihn unter Druck. «Wir müssen das heute abschließen, vorher gehen wir nicht auseinander», wiederholten sie. Sie drohten ihm an, ihn in eine weiter entfernte Filiale zu versetzen, ihm ein schlechtes Arbeitszeugnis auszustellen, wenn er nicht unterschreibe. Sein Handy konnte er nicht benutzen. Schließlich gab es im «Verhörraum» keinen Einpfang. Also musste er das Festnetztelefon in der Ecke nehmen. Die Vorgesetzten verließen den Raum, aber B. ist sich sicher, dass sie mitgehört haben, während er sich mit seinem Anwalt beratschlagte. Er gab schließlich nach, unterschrieb einen Aufhebungsvertrag. Er wollte einfach raus, der Situation entkommen.

Solche Räume, in denen der Wille eines Menschen gebrochen und in denen Existenzen zerstört werden, gibt es schon lange bei Aldi. Hans W. weiß das nur zu gut. Seine Laufbahn endete bereits im Jahr 2000, nach 27 Jahren als Filialleiter bei Aldi, aber die Auswirkungen spürt er noch heute.

Ich besuche ihn in einer Kleinstadt in der Region München. Er lebt dort mit seiner Frau Sigrid in einem gepflegten Wohnviertel, sie besitzen ein freistehendes Eigenheim, die Kinder sind schon ausgezogen. Auch Sigrid W. ist aus dem Häuschen, sie ist froh, endlich ihre Geschichte erzählen zu können. Hans W. hingegen wirkt gelassen. Er betont gleich zu Anfang, dass er mit Aldi schon lange abgeschlossen habe. Eigentlich. Er sei gern im Garten und habe die Malerei für sich entdeckt. Stolz zeigt er mir seine Bilder: Sie zeigen große Tiere mit erhobenem Haupt in idyllischen Berglandschaften, die er mit viel Liebe zum Detail oft bis spät in die Nacht hinein zur Entspannung gemalt hat. Auch Menschen sind darauf zu sehen. «Durch Aldi habe ich die Romantik entdeckt», sagt Hans W., was Sigrid erst mit einem skeptischen Blick, dann mit einem Lachen quittiert.

W. war mal ein Kämpfer und 27 Jahre an der Billigfront tätig, hat für den Discounter mehr als 15 000 unbezahlte Überstunden geleistet. «Ich war Aldianer», sagt er. Er lieferte gute Zahlen, war bei Kunden und Mitarbeitern beliebt. Aber er hat sich auch nie etwas gefallen lassen. Nach etwa zehn Jahren als Filialleiter versuchte der Discounter zum ersten Mal, ihn loszuwerden. Eifrige Vorgesetzte schrieben eine Abmahnung, in der sie Pingeligkeiten auflisteten wie «bei einer Testlieferung 2 Kartons Kiwis übersehen». W. suchte einen Anwalt auf, der an Aldi schrieb und die «fadenscheinigen Gründe» erfolgreich zurückwies. Der Discounter lenkte ein – vorläufig.

Die Geschäfte brummten in seiner Stadt wie überall in Deutschland, und die Jahre vergingen. Zwei bis drei Vorgesetzte sah W. jedes Jahr kommen und gehen. Er überdauerte sie alle.

Er zeigt mir eine Urkunde, die ihm zum 25-jährigen Dienstjubiläum überreicht wurde. Man sei sehr zufrieden mit ihm und freue sich auf die weitere Zusammenarbeit, steht da.

Nur wenig später startete Aldi den zweiten Versuch, ihn loszuwerden – er dauerte insgesamt drei Bereichsleiter lang. W. erwies sich als harter Brocken. Also setzten sie einen harten Hund auf ihn an, um den Termin im «Verhörraum» vorzubereiten. Der Filialleiter wurde nun regelmäßig zu Kritikgesprächen zitiert, bevorzugt kurz vor oder nach dem Urlaub, und wegen Bagatellen gerügt: Angeblich habe er zweimal das Mindesthaltbarkeitsdatum von Artikeln nicht kontrolliert, einmal die Abschöpfung bei einer Kassiererin vergessen. Das «Highlight», das Sigrid noch heute in Rage bringt: W. hatte die Brandschutztür, wie es gesetzlich vorgeschrieben ist, nicht geschlossen. Wie seit über zwanzig Jahren. Denn sie führte zu einem Fluchtweg im Lager, der nicht blockiert werden durfte. Aber seinem Vorgesetzten war auch das gesetzeskonforme Verhalten von W. plötzlich eine Abmahnung wert. Immerhin hatte er sich über die Anweisung seines Vorgesetzten, sie trotzdem zu schließen, einfach hinweggesetzt. Selbst Aldi räumte später vor Gericht ein, bei dieser Abmahnung sei dem Discounter ein «Lapsus» unterlaufen. Das machte dann vier Abmahnungen innerhalb von vier Monaten, nachdem er 27 Jahre fast ohne Beanstandungen, abgesehen von den übersehenen Kiwis, die aber auch klein sind, gearbeitet hatte.

Am 7. Dezember 2000 überraschten ihn zwei Aldi-Prokuristen aus der regionalen Verwaltung mitten im Weihnachtsgeschäft. Sie holten ihn aus dem Laden in den Pausenraum der Filiale, setzten sich ihm gegenüber und konfrontierten ihn mit Vorhaltungen: Er sei «zu hart» und «zu kalt», dann aber auch manchmal wieder «zu kollegial» und überhaupt arbeite er «zu ungenau». Sie zauberten einen Beschwerdebrief einer Mitarbeiterin hervor, von dem W. noch nie etwas gehört oder gelesen hat. Mal wieder ein ominöses Schreiben. Verfasst von einer Verkäuferin, die Aldi vor Jahren wegen Beleidigung von W. entlassen hatte. Nun aber tauchte der Brief in den Akten plötzlich auf. Und W. wurde stundenlang mit Vorwürfen konfrontiert und im «Verhörraum» festgehalten.

Aber er reagierte nicht, sondern setzte sein Pokerface auf und trieb damit die Aldi-Prokuristen erst recht zur Weißglut. W. ließ sich seine Anspannung nicht anmerken, auch wenn er ganz genau wusste, dass seine Stunde geschlagen hatte. Kündigung oder Aufhebungsvertrag – vor diese Wahl wurde er gestellt. Die Manager erinnerten ihn an seinen Ruf im Ort und das Arbeitszeugnis, das er ja brauche. Sie wollten ihn unbedingt, mal lautstark, mal besänftigend, am Ende, erinnert er sich, fast bettelnd und flehend zur Unterzeichnung eines Aufhebungsvertrages drängen.

Aber W. blieb hart. Er nahm die ordentliche Kündigung und zog vor Gericht. Aldi verlor, die Vorwürfe erwiesen sich als haltlos, und der Discounter musste ihm eine hohe Abfindung zahlen.

Doch in der ländlichen Gemeinde, in der er lebt, entstanden schnell Gerüchte. W., glaubte man in der Kleinstadt zu wissen, müsse etwas angestellt haben. Lange Jahre war er das Gesicht von Aldi im Ort gewesen. Wenn da nichts gewesen wäre, hätten sie ihn doch nicht einfach rausgeschmissen, von heute auf morgen, wurde getuschelt. Er habe eine Verkäuferin hinter der Zuckerpalette «genommen», wurde plötzlich verbreitet. Sein soziales Leben wurde zerstört. Die Familie trat aus Vereinen aus und zog sich zurück. Ein paar Wochen lang griff Hans W. zur Schnapsflasche, seine Frau Sigrid musste sich ständig erbrechen und wurde mit einer Gallenkolik ins Krankenhaus eingeliefert. Nach Aldi fand W., der gerne arbeiten wollte, keinen richtigen Job mehr. Er fühlte sich oft nutzlos. Er hatte ein schlechtes Gewissen, weil er die Gesellschaft kostete, obwohl er arbeiten konnte. Ohne seine Sigrid, sagt er, hätte er das nicht durchgestanden. Vor Gericht siegte er, aber sein Leben hat sich verändert. Er malt und ist viel im Garten. Und er sucht jetzt «Schwammerl».

W.s Erlebnisse liegen schon lange zurück, die von Peter B. erst drei Jahre. Die beiden Männer wurden Opfer eines Systems, das sie selbst jahrelang ausgeführt hatten. Ein Blick in die Gegend von Koblenz zeigt, dass sich bei Aldi wenig geändert hat.

Ende Oktober 2012 wurde Martin H. nach 13 Jahren als Filialleiter in den «Verhörraum» der für ihn zuständigen Verwaltung bei Aldi Nord zitiert. Mal war er «zu hart», dann wieder «zu lasch». Jedenfalls war er «nicht kooperativ». Und plötzlich tauchte eine anonyme Kundenbeschwerde auf. Mit den darin ausgeführten und weiteren Beschwerden, offenbar von langer Hand vorbereitet, bombardierten ihn gleich zwei Prokuristen. Erfolglos. Sie kündigten H. fristlos und mussten vor Gericht später alle Vorwürfe mangels Beweisen fallenlassen. Aldi zahlte eine Abfindung und stellte ein gutes Zeugnis aus. Ähnlich erging es Holger D. aus Bonn, dessen Discounterkarriere nach sieben Jahren abrupt endete.

Im August 2012 wurde die Marktleiterin Sandy F. aus Stuttgart nach zehn Jahren Betriebszugehörigkeit in den «Verhörraum» zitiert. Als sie schwanger wurde, habe man sie loswerden wollen, glaubt sie heute. «Wie wollen Sie das schaffen? Ist Ihnen das nicht alles zu viel? Wer sorgt dann für Ihr Kind?», habe man sie gleich nach dem Bekanntwerden gefragt. Nach ihrer Rückkehr aus der einjährigen Elternzeit konnte sie auf einmal nichts mehr richtig machen. Auch sie wurde in die Zentrale einbestellt und nach einem «intensiven» Gespräch, in dessen Verlauf sie sich «uneinsichtig» gab, mit einer fristlosen Kündigung bedacht. Sie einigte sich mit Aldi außergerichtlich auf eine für sie vorteilhafte Lösung. Ähnlich erging es Daria M. aus Kassel, einer Führungskraft in der Logistik.

Ein Bereichsleiter von Aldi Suisse, der ebenfalls durch den «Verhörraum» musste, sah sich schon bald danach mit schwerwiegenden Gerüchten konfrontiert. Auf der Straße wurde er mehrmals auf sie angesprochen: «Ja, bist du denn schon wieder raus aus dem Knast?» Selbst auf höchsten Ebenen, wenn Mitarbeiter gehen, zirkulieren oft rasch Gerüchte, die den Betroffenen kriminalisieren und ausgrenzen sollen.

Die Liste ließe sich noch lange fortführen. Bei Aldi hat sich nichts geändert. Die bewährte Methode, im Vorfeld durch Mobbing und bereits im Trennungsgespräch durch psychischen Druck, manchmal bis hin zur Nötigung, die sich oft genug schwer beweisen lässt, wurde beibehalten.

Seit einem halben Jahr ist auch Peter B. wieder arbeitslos, sucht gerade einen neuen Job. Nach Aldi war er eine Zeitlang Handelsvertreter, befristet natürlich.

B. ist bis heute traumatisiert. Er hat erfahren, dass derzeit dasselbe Spiel mit einem ehemaligen Kollegen von ihm läuft: Er gibt ihm noch bis Weihnachten, höchstens. Aldi hat ihn nicht nur auf die Straße gesetzt, sondern seinen Abgang intern rechtfertigen müssen und damit der Verbreitung übler Gerüchte Vorschub geleistet. Er habe seine Mitarbeiter gemobbt und man habe ihn wegen Personalproblemen «raus-nehmen» müssen. Natürlich fiel es auch in seiner Kleinstadt auf, dass der langjährige Marktleiter plötzlich weg war. Mut-maßungen und Spekulationen waberten durch die Stadt. B. äußerte sich dazu nie.

Er hat eine stattliche Abfindung von Aldi erhalten, sonst wäre er nicht gegangen. Sie hat ihm geholfen, einige Zeit zu überbrücken. Aber seine psychischen Verletzungen sind nicht wiedergutzumachen. Manchmal, wenn er sich nachts schweißgebadet im Bett wälzt, wird er wieder von zwei No-belkarossen in den «Verhörraum» nach A. gefahren. Er ist wieder in einem engen Raum, abgeschnitten von der Außen-welt, und wird mürbe gemacht. Seine ehemalige Vorgesetzte verwandelt sich in eine Hexe, die ihn hämisch auslacht, und der Aldi-Prokurist in Frankenstein. Er wird in seinen Träu-men gefoltert, bis er unterschreibt. Bis er aufgibt. Bis seine Existenz «im gegenseitigen Einvernehmen» zerstört ist.

An jenem Donnerstag, vier Wochen vor Weihnachten, als B. den «Verhörraum» verlassen hatte, rollte gegen 17 Uhr ein Taxi vom Hof der Aldi-Verwaltung in A. und brachte ihn wieder ins heimische Allgäu. Der Fahrer war schon im Voraus bezahlt, bei Aldi ist das perfekt organisiert. Er mache öfter solche Fahrten, sagte er.

Bei Aldi Nord, wo es immerhin einige Betriebsräte gibt, sind ähnliche Situationen bekannt. Aus «aktuellem Anlass» warnte beispielsweise der Betriebsrat Aldi Seevetal bei Hamburg am 12. Juni 2012 seine Kollegen:

«Oft fanden diese Gespräche kurz vor Feierabend statt. In diesen Gesprächen wurden die Kolleginnen und Kollegen damit konfrontiert, was sie denn alles falsch machen.

Hier sind einige Beispiele von Aussagen der Vorgesetzten:

- Unterschreiben Sie hier mal eben.
- Macht Ihnen die Arbeit bei uns noch Spaß? Dies ist Ihre letzte Chance. Suchen Sie sich schon einmal einen neuen Job.
- Wir kommen hier auf keinen gemeinsamen Nenner mehr. Ich gebe Ihnen 14 Tage Zeit, dann bin ich wieder da.
- Wenn ich Ihnen beim Arbeiten zusehe, wird mir schlecht.

Soll mit solchen Aussagen der Druck auf die Mitarbeiter erhöht werden, um eventuell Ängste zu schüren? Innerhalb kürzester Zeit gab es für einige Kolleginnen und Kollegen mehrere Abmahnungen.»

Druck aufbauen, darum geht es.

Peter B., Hans W. und die vielen anderen: Es sind Geschichten aus unterschiedlichen Teilen Deutschlands und aus unterschiedlichen Zeiten, die doch so nah beisammenliegen. Die Protagonisten sind in einer Hinsicht dennoch Raritäten, denn so lange wie sie hält es kaum jemand bei Aldi aus. Und sie waren bereit, mir ihre Geschichten zu erzählen, und haben einer anonymisierten Veröffentlichung zugestimmt. Weshalb sie gehen mussten, wissen viele Aldi-Opfer bis heute nicht genau. Lag es an einer zu langen Krankheit, an der eigenen Meinung, am Führungsstil oder vielleicht einfach daran, dass sie zu alt und zu teuer für den auf niedrige Personalkosten erpichten Hochleistungsdiscounter geworden waren? Oder hat sie Aldi vollkommen zu Recht entlassen? Jedenfalls wurden alle Betroffenen, die sich an mich wandten, durch jüngere, billigere Nachwuchskräfte ersetzt, die sie zuvor noch teilweise selbst eingearbeitet hatten. Viele von ihnen hätten gerne weitergearbeitet. Aber viele sind nach der Entlassungs«prozedur» auch ausgebrannt, von der Situation überfordert und verursachen Kosten im Sozial- und Gesundheitswesen. Mit dem Rauswurf beginnt oft der soziale Abstieg. Deshalb tragen die Kosten einer solchen Personalpolitik nicht nur die Betroffenen, sondern am Ende die gesamte Gesellschaft.

Dienst nach Vorschrift

Ein Blick in die Zentrale

Ausgerechnet in der Abteilung «Corporate Responsibility», also Unternehmensverantwortung, arbeitete Maria Z. bis vor kurzem bei Aldi Süd in der Mülheimer Zentrale. Und ja, diese Abteilung gibt es wirklich. Mehrere Mitarbeiter beschäftigen sich dort tagtäglich mit hölzernen Arbeitspapieren und bunten Powerpoint-Folien. Von einem Team spricht Maria Z. nicht so gern. Obwohl ihr schon im Bewerbungsgespräch mitgeteilt wurde, dass Beförderungen nach oben nicht vorgesehen seien, und sie nach wenigen Wochen dann auch merkte, dass sie «nicht weiterkommen» werde, blieb sie mit Rücksicht auf den Lebenslauf zwei Jahre.

Aldi Süd heuert Maria Z. zufolge auch für die Mülheimer Zentrale bevorzugt Berufsanfänger direkt von den Schulen und Unis an. Die höheren Manager sind Hausgewächse, die sich ihre Sporen in den Filialen verdienen mussten und in der Regel kaum ein anderes Unternehmen von innen gesehen haben. Doch während in den Märkten im Personalbereich teilweise Wildwuchs herrscht, mag man es in der Zentrale ganz genau. Die sachbearbeitenden Mitarbeiter haben unbefristete Verträge und arbeiten von exakt 7.30 Uhr bis 16.15 Uhr, an einem Tag die Woche nur bis 13.15 Uhr. Überstunden sind verpönt, schon bei fünf Minuten müssen die Mitarbeiter mit ihren Vorgesetzten Rücksprache halten. Die Aufgaben sind ranghohen Insidern zufolge in der Regel inhaltlich anspruchslos strukturiert, es herrscht kaum Termindruck.

Aldi ist ein konservatives Unternehmen. Das ist per se nichts Schlechtes. Allmählich wandelt es sich, passt sich dem

Zeitgeist an. Doch was Maria Z. im Frühjahr 2013 schreibt, ist kein Skandal, zeugt aber von einer grotesken, sektenähnlichen Firmenkultur und einem langen, noch bevorstehenden Weg:

«Ich bin mir oft vorgekommen wie in einer Kleinstadt, in der alle außer mir die große Aldi-Spritze bekommen haben. Auf den unteren Rängen nette Frauen, die ab und zu mal lachen, sich aber im Grunde wie Roboter verhalten. Die obersten Chefs männlich, von sich selbst eingenommen und nicht gerade Spezialisten ihres Fachs. Sie haben meistens gelernt, Kassierer zusammenzuscheißen, aber nicht unbedingt, konzeptionell zu arbeiten. Obwohl die Corporate-Responsibility-Abteilung keinerlei Kundenkontakt hatte, waren Jeans mir strikt verboten. Mehr als zwei Farben zu tragen war «nicht gewünscht». Eine Kollegin von mir wurde darauf angesprochen, als sie einen roten Pulli und einen grünen Schal trug. Ich hatte einmal rote Schnürsenkel in schwarzen Schuhen, das ging natürlich gar nicht. Auch Nagellack war tabu. Ausgenommen durchsichtiger. Das Büro der Assistentinnen musste immer offen bleiben, da man davon ausging, dass die sich generell nicht benehmen können und immer zurechtgewiesen werden mussten. Auch ich kam mir ständig beobachtet vor. Einmal habe ich ein sogenanntes «Tür-zu»-Gespräch bekommen, weil ich anscheinend eine falsche Sitzhaltung am Arbeitsplatz hatte. Meine Vorgesetzte sagte: «Ihre Sitzhaltung entspricht nicht der aldi-üblichen Betriebsamkeit».

Die Assistenten müssen nicht nur im Büro besondere Talente zeigen, sondern auch in der Küche etwas leisten können. Für einige interne Meetings sind sie nämlich auch für das Essen(machen) zuständig. Maria Z.: «In einer Urlaubsvertretung hatte ich selbst so ein Meeting vorzubereiten. Ich vergaß den Nachtisch: Aldi Süd Joghurt. Als der Geschäftsführer nachfragte, ob es Nachtisch gäbe, und ich verneinen musste, starrten mich ungläubige Augen an. Ich dachte, jetzt schmeißen sie mich raus. Das passierte nicht, aber der Fall ging als ‹Jogate-Affäre› in die Geschichte ein.

Mit Kollegen zu sprechen war ‹nicht gewünscht›. Deshalb habe ich mit einer Kollegin, wir verstanden uns auch privat gut, E-Mails hin und her geschickt. Sie kündigte kurz vor mir, löschte vorher aber noch die meisten Mails, bis auf ein paar wenige, die sie vergessen hatte. Am Tag nach ihrer Kündigung durchforstete eine Managerin ab 7.30 Uhr früh sofort die gesamten E-Mails, und ich musste um 9.30 Uhr zu einem ‹Tür-zu›-Gespräch. Zum Glück war nur noch eine E-Mail von mir da, in der es um ein Wärmekissen ging, das von meiner Chefin als ‹störend› moniert worden war. Dafür durfte ich mich dann eine Stunde lang rechtfertigen.

Das Highlight: bei Aldi tranken alle aus den gleichen Tassen. Da ich diese unnütze Regel übergehen wollte, brachte ich, zugegeben provokant, eine Tasse mit dem Aufdruck ‹Queen of fucking everything› mit. Natürlich fiel das gute Stück auf, und ich wurde darauf in einem ‹Tür-zu›-Gespräch von einer Managerin hingewiesen. Mein Vorschlag, eine Tasse mit Weihnachtsaufdruck, wahlweise Tannenbäume oder Nikoläuse, zu benutzen, konnte nicht sofort beantwortet werden. Das musste erst auf Geschäftsleitungsebene entschieden werden. Ich bekam den Sonderwunsch dann aber genehmigt.»

Einige Monate nach ihrem Abgang bewarb sich Maria Z. erneut in der Aldi-Zentrale, diesmal für eine höhere Managementposition. Sie hatte ihre Erlebnisse verarbeitet und logische Schlussfolgerungen gezogen. Mit neuem Mut startete sie einen neuen Anlauf – oder war es doch nur Rache für den zwangsweisen Umstieg von der «Queen of fucking everything»- auf die Weihnachtsmann-Tasse?

Unter dem Pseudonym «Sue Penngrün», wohnhaft in der Stasi Straße 123 in 38412 Brechen, bemühte sich Maria Z. initiativ um eine Stelle, da sie «seit einiger Zeit die Entwicklungen in Richtung Unternehmensverantwortung bei Aldi Süd» beobachte. Als ihre Stärken preist Sue Penngrün im Anschreiben: «Keine eigene Meinung haben, Anweisungen ohne Nachfrage umsetzen, Dienst nach Vorschrift, gerade am Schreibtisch sitzen, mich bedingungslos unterordnen, Intrigen und Mind Games». Sie habe zwar keine Erfahrung in der Personalführung, sei sich aber sicher, dass ihr dieser Mangel keine Nachteile bringe, denn: «Aus sicherer Quelle weiß ich, dass bei Ihnen moderne Personalführung keine Rolle spielt.» Teamwork sei ihr nicht wichtig, sie arbeite lieber alleine und finde, dass es von Schwäche zeuge, Kollegen um Rat oder Hilfe zu bitten. Unternehmensverantwortung sei keine Notwendigkeit, sondern ein «Nice-to-have». Penngrün findet «die rückständige Strategie durchaus bemerkenswert».

Eine Antwort erhielt Sue Penngrün alias Maria Z. nicht auf ihre freche Bewerbung. Sie arbeitet heute «sehr glücklich» und erfüllt bei einer Nicht-Regierungs-Organisation im Nachhaltigkeitsbereich.

«Wes Brot ich ess, des Lied ich sing»

Edeka im Umbruch

Edeka macht gute Fernsehwerbung. In amüsanten und einprägsamen Spots beraten Mitarbeiter die Kunden mit einem freundlichen Lächeln. Sie sind gut gelaunt, hilfsbereit und kompetent. Und sie lieben natürlich Lebensmittel. Aber liebt Edeka auch seine Mitarbeiter?

Was mir ein Insider während meiner Recherchen berichtet, lässt anderes vermuten: «Meine Tätigkeit bei Edeka ist stark auf die Lebensmittel, auf die eigentlichen Produkte, fokussiert. Die Ware steht im Mittelpunkt. Tatsächlich verfügen die Edeka-Märkte über wesentlich größere Stellhebel als zum Beispiel Aldi-Filialen, wie sie den Umsatz erhöhen können. Trotzdem muss ich mich angesichts des Wettbewerbs auch um niedrige Personalkosten und gute Inventuren kümmern. Paradoxerweise treibt Edeka über die eigene Discountertochter Netto diesen Wettbewerb maßgeblich voran, und wir schaden uns mit einem De-facto-Vollsortiment auch bei Netto letztlich selbst. Viele ehemalige Aldi- und Lidl-Leute sind bei uns untergekommen. Die Discounter gelten als eine Art Kaderschmiede der Branche. Wer dort gearbeitet hat, hat keine großen Schwierigkeiten, innerhalb des Handels unterzukommen. In anderen Bereichen, sagen mir zumindest Headhunter, ist es hingegen fast unmöglich.

Der Ton und die Kultur hier sind nicht so hart wie bei Discountern, aber die Methoden sind im Grunde dieselben. Als wir zum Beispiel einen Kündigungsprozess gegen eine Verkäuferin verloren hatten, sagte mein Chef zu mir: ‹Kein Problem, dann stellen wir die Alte halt wieder ein und hauen sie bei nächster Gelegenheit wieder raus.› Was bei Discountern notfalls mit einer hohen Abfindung vermieden wird, sieht man bei Edeka etwas entspannter. Die Arbeitszeiten unseres Personals werden erfasst wie fast überall im Einzelhandel. Ruhezeiten, Pausen und maximale Arbeitszeiten werden auch nur da genau genommen, wo es Betriebsräte gibt. Der Druck auf die Beschäftigten nimmt seit Jahren zu. Überbelastung, Stress und Burnout stehen auch bei uns auf der Tagesordnung.

Wir zahlen in den Regiemärkten Tariflohn, aber die Gehaltsstrukturen sind sehr intransparent. Wer wie viel verdient, wird bewusst geheim gehalten. Einerseits um Neid zu verhindern, andererseits weil viele Mitarbeiter weniger erhalten, als ihnen eigentlich zusteht. Über Jahre hinweg wurden Mitarbeiter falsch eingruppiert. Hauptsächlich über Tricksereien bei der Zugehörigkeit zum Unternehmen: mit der Betriebszugehörigkeit steigt die tarifliche Eingruppierung und damit der Stundenlohn. Wir ändern das oft nur auf Nachfrage des Mitarbeiters oder wenn uns ein ‹allzu schlechtes Gewissen› plagt.»

Ein weiterer, ranghöherer Manager dazu: «Egal, ob bei Umsatz, Kosten oder Gewinn, die Frage lautet neuerdings immer: ‹Warum kann das der Private und wir können es nicht?› Dann werden die ganzen Erfolge von selbständigen Unternehmern aufgezählt, die vielen Insolvenzen und gescheiterten Einzelhändler erwähnt niemand. Früher waren wir in den Regiebetrieben die Könige, haben auf die selbständigen Einzelhändler herabgesehen. Aber der Wind hat sich seit ein paar Jahren komplett gedreht. Im Grunde ist das hier ein sinkendes Schiff. Die Stimmung ist dementsprechend schlecht. Wir privatisieren uns selbst weg. Jeder meiner Kollegen, auch ich selbst, ist entweder auf der Suche nach einem neuen Arbeitgeber oder hält Ausschau nach einem interessanten Markt, den er selbst übernehmen kann.»

Endzeitstimmung also in den sogenannten Regiebetrieben, die selbständigen Kaufleute übernehmen wieder das Ruder.

Unter welchem Druck die Edeka-Regiemärkte stehen und wie sie ihn weitergeben, zeigt eine Art Neujahrsschreiben, das mir zugespielt wurde, unter der Überschrift «Wes Brot ich ess, des Lied ich sing». Es wurde abgesendet von zwei regionalen Geschäftsführern an 4000 Mitarbeiter. Das neue Jahr, leiten sie ihren Brandbrief ein, sei noch jung und es sei eine gute Zeit für gute Vorsätze. Ein ganz banaler, keineswegs zu unterschätzender Vorteil, bei Edeka zu arbeiten sei, dass «das Gehalt pünktlichst am Monatsende auf dem Konto ankommt». Einen weiterer Vorteil fällt ihnen wohl nicht ein, sie nennen jedenfalls keinen, sondern kommen auf das eigentliche Problem zu sprechen: Zahlreiche Mitarbeiterinnen und Mitarbeiter wurden offenbar in Wettbewerbergeschäften gesichtet und trauen sich gar, «ganz offen» darüber zu berichten. Auch Kolleginnen und Kollegen sowie den Marktleitungen falle auf, «in welchem Umfang» privat eingekauft werde. Wer mit Einkaufstüten der Wettbewerber unterwegs sei, schreiben die Geschäftsführer, lasse es nicht nur an Loyalität zum eigenen Unternehmen fehlen, das sei «sogar schon fast imageschädigend». Sie beenden ihren eindringlichen Brief mit dem Hinweis, dass alle davon profitierten, wenn das Unternehmen gesund sei. Bei Edeka auch privat einzukaufen sei also, und das klingt wie eine Drohung, «durchaus auch ein Beitrag zur Sicherung des eigenen Arbeitsplatzes». Der Brief umfasst zwei Seiten, dabei hätte man doch alles in einem einzigen, klaren Satz sagen können: Kauft gefälligst bei uns ein, sonst werdet ihr privatisiert!

Der Brandbrief zum Jahreswechsel ist datiert auf den

15. Januar 2013. Nur wenig später, am 8. März 2013, wurde Edeka vom «unabhängigen CRF-Institut» zertifiziert und erhielt das Prädikat «Top-Arbeitgeber».

Von den mehr als drei Millionen Beschäftigten im deutschen Einzelhandel sind etwa zehn Prozent für die kompliziert strukturierte, seit über 100 Jahren bestehende Edeka-Gruppe tätig. Die genossenschaftliche Organisation bietet Schutz vor Übernahmeversuchen von Finanzinvestoren und schafft Stabilität. Laut Homepage betrieb Edeka Ende 2011 in Deutschland 8000 Vollsortimentmärkte, 6300 davon geführt von selbständigen Kaufleuten. Die gesamte Edeka-Gruppe, inklusive Großhandel und Discountbeteiligungen, erwirtschaftete 45,6 Milliarden Euro Umsatz im Jahr 2011.

Seit mehr als dreißig Jahren betreibt Edeka sogenannte Regiefilialen, also Einzelhandelsbetriebe, die als Tochterunternehmen von Edeka-Regionalgesellschaften geführt werden. Sie dienen der Entwicklung und Stabilisierung des Konzerns. Neue Märkte sind oft mit hohen Anfangsinvestitionen verbunden, die private Betreiber nicht stemmen können, die Umsätze sind nicht genau kalkulierbar. Rechnet sich der Markt nach einiger Zeit, wird er verkauft. Geht ein Unternehmer pleite oder gibt er aus anderen Gründen seinen Markt auf, hat Edeka die Möglichkeit, ihn durch den Regiebetrieb am Netz zu halten.

Seit jeher sahen viele Einzelhändler die Regiebetriebe nicht nur als Assistenten, sondern auch als Konkurrenten, da sie im Konzern eine starke Position innehatten. Nun wird das Rad der letzten dreißig Jahre wieder zurückgedreht: die Regiebetriebe werden quantitativ weniger und verlieren ihre strategische Bedeutung. Die Edeka-Regionalgesellschaften sollen sich wieder auf ihre Großhandelsfunktion und die Belieferung der selbständigen Einzelhändler konzentrieren.

Damit spiegelt Edeka den Trend der Zeit wider: Einerseits nutzt der Konzern zentrale Vorteile im Einkauf und in der Verwaltung, andererseits die Hemdsärmeligkeit und Geschäftstüchtigkeit mancher Unternehmer vor Ort.

In einer 2012 veröffentlichten Broschüre warf ver.di unter dem Titel «Schöne neue Handelswelt» einen Blick hinter die Kulissen des Unternehmens und kam zu dem wenig überraschenden Ergebnis, dass es dort düster aussieht. Die Gewerkschaft kritisiert die Politik, Märkte aus dem Regiebetrieb der Regionalgesellschaften an selbständige Einzelhändler abzugeben. Diese Privatisierungen bedeuteten für die Beschäftigten den Verlust von über die Jahre erworbenen Rechten und eine ungewisse Zukunft.

Mit dem Betriebsübergang sollen häufig die Discounter-Prinzipien eingeführt werden:

- Teile des Personals werden rascher ausgetauscht, insbesondere unbequeme oder häufig kranke Mitarbeiter
- Arbeitszeiten werden nicht mehr genau erfasst und flexibler gestaltet
- Vollzeitstellen werden abgebaut oder in Teilzeitstellen umgewandelt
- Befristungen und Minijobs gehören zur Normalität
- Gehälter werden gekürzt
- Ältere, teure Mitarbeiter werden durch junge, billigere ersetzt
- Mehrarbeit wird gern als unentgeltlicher Beitrag zur Sicherung des Arbeitsplatzes gesehen
- Freiwillige Leistungen werden gekürzt oder ganz abgeschafft.

Doch viele Beschäftigten akzeptieren diese verschlechterten Konditionen und die neuen Spielregeln im Zuge der Privatisierungen. Sie wollen in «ihrem» Markt bleiben. Der neue Eigner ist gleichzeitig oft Marktleiter und ständig vor Ort präsent. Wer nicht spurt, bekommt schnell Schwierigkeiten.

Dabei orientiert sich Edeka letztlich zurück auf seine Wurzeln, die im Unternehmertum liegen. Die Satzung der Genossenschaft regelt, dass genau dieses gefördert werden soll. Heute ist nur noch die Minderheit der Edeka-Beschäftigten durch Betriebsräte vertreten und tariflich bezahlt. Arbeitnehmerorganisationen schwimmen in ihrer, für Einzelhandelsverhältnisse, einstigen Hochburg seit geraumer Zeit die Felle davon.

Diese sogenannte «Privatisierung» ist oft Lohndumping! Denn Minijobs, Befristungen, Werkverträge und bis zu 40 Prozent weniger Gehalt führen zu teilweise mehr als schwierigen Arbeitsbedingungen», moniert die Gewerkschaft ver.di auf ihrer speziell für Edeka und seine selbständigen Unternehmer eingerichteten Website mit dem etwas gewöhnungsbedürftigen Namen EDEKAnns-besser.de.

Wenngleich Edeka den Privatisierungskurs nicht mit dem primären Ziel vorantreiben dürfte, Mitbestimmung zu vermeiden und Personalkosten zu senken, resultiert er doch in niedrigeren Löhnen und einem Abbau von Arbeitnehmerstandards. Der Konzern erhöht damit seine Gewinne, reduziert das Risiko und versucht sich im Wettbewerb, der über mehr Handelsflächen, niedrigere Preise und längere Öffnungszeiten ausgetragen wird, besser zu positionieren. Selbständige Eigner legen sich mehr ins Zeug als angestellte Filialleiter, nimmt man an. Insgesamt steigen durch diese Strategie die Erträge, wovon der unternehmenseigene Großhandel profitiert.

Was sich bei Edeka Privatisierung nennt, heißt bei Rewe übrigens «Partnerschaftsmodell». Allerdings werden bei Rewe deutlich weniger Märkte von selbständigen Kaufleuten betrieben. Während die Selbständigen-Quote bei Edeka in manchen Regionen schon jenseits der 90 Prozent liegt, sind es bei Rewe gerade einmal 30 Prozent. Fraglos sind darunter viele, die ihre Geschäfte ehrbar führen und ihre Angestellten mit Respekt behandeln. Doch die Richtung ist eindeutig, und eine Zahl verdeutlicht schon heute, weshalb die Gewerkschaften aktiv werden: Laut einer ver.di-eigenen Umfrage gibt es in den 8000 von Selbständigen betriebenen Filialen mit 250 000 Beschäftigten, beide Lebensmittelkonzerne Edeka und Rewe zusammengerechnet, gerade einmal 60 Betriebsräte.

Qualen, Selbstzweifel und ungeheure Wut

Wie Netto mit «Problemmitarbeitern» umgeht

«Um 18 Uhr kam der Anruf vom Chef, um 20 Uhr trafen wir uns alle in der Zentrale in Ponholz. Die Atmosphäre war eisig. Wir saßen gebannt auf unseren Stühlen, wahlweise bei Netto-Mineralwasser oder Netto-Apfelschorle, die Köpfe eingezogen. Es ging um Kosten, über Plan liegende Personalkosten. Die wurden brüllend vorgetragen. Wir wurden so lange festgehalten und unter Druck gesetzt, bis wir versprochen hatten, die überzogenen Plankosten wieder hereinzuholen. Die Sitzung ging bis nach Mitternacht. Wer sein Versprechen bis zum Jahresende nicht erfüllt hatte, wurde entlassen», erzählt ein ehemaliger Manager von Netto Markendiscount.

Es klingt nicht nach einem gemütlichen Beisammensein, das die Führungsspitze da in der Zentrale in Ponholz bei Regensburg ausrichtete. Bereits im September 2010 berichtete die *Wirtschaftswoche* über Veranstaltungen mit ähnlich überschaubarem Geselligkeitswert. Sowohl Netto-Chef Franz Pröls persönlich als auch Vertriebsleiter Rudolf Mauser statteten Filialen regelmäßige Kontrollbesuche ab, Alarmstimmung inklusive. Die Ergebnisse ihrer Visiten, akribisch mit der Digitalkamera festgehaltene Mängel, präsentierten sie, einem der « Vorgeladenen» zufolge, gerne in legendärer Lautstärke samstags ab sieben Uhr früh in der Netto-Zentrale. Das waren die sogenannten «Frühstücke in Ponholz».

Die Furcht vor den Herren aus der Zentrale und den weniger verbreiteten Widerspruchsgeist nutzte in etwa zehn Fällen ein korpulenter Herr im hellen Trenchcoat bei einer «unangekündigten Überfallübung» aus: der angebliche Revisor aus der Zentrale zückte eine Waffe, und die Mitarbeiter der Filialen kauerten sich wie befohlen auf den Boden, während er das Bargeld plünderte und so insgesamt 200 000 Euro – gleichsam brutto wie netto – erbeutete.

Ende 2011 betrieb der Discounter laut Geschäftsbericht knapp 4100 Märkte, beschäftigte 65 500 Mitarbeiter und erwirtschaftete einen Jahresumsatz in Höhe von 10,7 Milliarden Euro. Die Plus-Übernahme im Jahr 2008 sowie eine aggressive Expansionspolitik haben Netto in die Spitzenliga der Discounter katapultiert. Mit «bester Qualität, regionaler Vielfalt und günstigen Preisen» ist die Edeka-Tochter mittlerweile Nummer drei in Deutschland. Mit seinem über 3500 Artikel umfassenden Sortiment und dem «Netto-Erfolgsrezept» konkurriert der Discounter jedoch nicht nur mit Aldi und Lidl, sondern auch mit manchem Edeka-Markt, was intern regelmäßig zu Unruhe führt. Viele Edeka-Kaufleute, denen die «rot-gelbe Ramschbude» letztlich über die genossenschaftliche Struktur mit gehört, profitieren zwar von den Gewinnen, sind aber wenig erfreut über die selbstgemachte Konkurrenz. Und kommen Machenschaften bei Netto ins Gerede, wird der Eignername Edeka automatisch mit genannt.

So berichtete die *Wirtschaftswoche* in einer Titelgeschichte im Jahr 2010 über die Region Verden, in der die Verkaufsleiter, die meistens sechs bis acht Filialen betreuen, per E-Mail aufgefordert wurden, die jeweils drei problematischsten Mitarbeiter ihres Bezirks zu melden, ergänzt um «von Ihnen geplante Schritte, wie Sie die Freisetzung erreichen wollen». In einem weiteren Schreiben forderte Netto die «Umbesetzung von Problemmitarbeitern in Filialen, bei denen Sie die Unterstützung des Marktleiters haben, um eine Freisetzung zu unterstützen». Das bedeutete offensichtlich eine Aufforderung zum gezielten Mobbing, um unerwünschte Mitarbeiter aus dem Unternehmen zu drängen. Das bestritt der Discounter gegenüber der Zeitschrift jedoch. Der umfassende Bericht löste heftige Reaktionen besonders im Internet aus, die *Wirtschaftswoche* selbst sprach sogar von einem «Online-Aufstand».

Auch mir liegt eine Reihe von Berichten vor, zum Beispiel: «Ich bin Mitarbeiterin von Netto in Ostdeutschland. Regulär arbeite ich von 7 bis 14 Uhr, aber von mir wird verlangt, spätestens um 6 Uhr im Laden zu sein und durchzuarbeiten bis 14 Uhr. Dann kriege ich eine Pause und darf anschließend noch bis 17 oder 18 Uhr weiterarbeiten, kostenlos natürlich. Als ich mich einmal darüber beschwerte, hieß es: ‹Wenn es Ihnen nicht passt, können Sie ja gehen.›» Hier im Osten gebe es schließlich genügend Arbeitslose, erzählt zum Beispiel eine Verkäuferin.

Anfang 2011 enthüllte eine NDR-Doku den ausufernden Einsatz von geringfügig Beschäftigten, oft zu Löhnen von 6,00 oder 6,50 Euro pro Stunde, obwohl der Tarifvertrag im Einzelhandel das Doppelte vorsieht. Viele Mitarbeiter, die aus Angst in dem Fernsehbeitrag nur anonym auftraten, monierten extremen Druck und Mobbing, bis hin zum Psychoterror. Sie würden mit langen Mängellisten gegängelt und müssten diese in unbezahlten Überstunden abarbeiten. Im Juli 2013 dokumentierte der MDR noch einmal, wie etwa 30 000 geringfügig Beschäftigte weit unter Tarif entlohnt werden. Netto wies in beiden Fällen die Vorwürfe zurück.

Im Juni 2012 berichtete das *Hamburger Abendblatt* darüber, wie Lehrlinge und über Bildungsträger geförderte Praktikanten als billige Arbeitskräfte benutzt werden. Außer «Packen, Putzen und Kassieren», sagte eine Betroffene, lerne sie nichts. Netto wollte die Vorwürfe prüfen.

Anfang Juli 2013 thematisierte *Report Mainz* in der ARD viele unbezahlte Überstunden bei Netto. Mitarbeiter, die aus Angst wieder alle nur anonym aussagten, berichteten von zwei bis drei Stunden Mehrarbeit pro Tag. «Wir mussten es freiwillig machen», sagt eine Verkäuferin im Originalton. Ein Gewerkschafter rechnet aus, dass damit die Bezahlung der tatsächlich geleisteten Arbeitszeit etwa ein Drittel unter dem vorgesehenen Tarifentgelt liegt. Durch die nicht bezahlten Stunden entgeht dem Fiskus Einkommenssteuer, vor allem aber entgehen den Sozialversicherungsträgern, nach Schätzung eines Experten, zweistellige Millionenbeträge. Netto dementierte im Beitrag mit schriftlichen Stellungnahmen. In einem internen Brief «aus aktuellem Anlass» an alle Mitarbeiter eine Woche nach Ausstrahlung des Berichts nimmt die Vertriebsleitung ein «sehr positives Arbeitsklima» wahr, das sich entwickelt habe. Lediglich Medienberichte versuchten, «diese gute Stimmung schlechtzureden».

Ein Hauptvorwurf der TV-Doku: Mitarbeiter müssten oft ein, zwei Stunden vor dem offiziellen Arbeitsbeginn in den Läden sein, oft schon um fünf Uhr, und kostenlos vorarbeiten. Netto schreibt in dem internen Brief, man erkenne gesetzliche und tarifliche Regelungen «grundsätzlich» an, und: «Grundsätzlich ist der Arbeitsbeginn auf 6.30 Uhr festgelegt.»

Ich erhielt das Schreiben kurz nach Verteilung an die Märkte abfotografiert zugespielt: um 5.14 Uhr unter der Überschrift «Ein Witz» – von einem Azubi, der an diesem Tag schon eine halbe Stunde gearbeitet hatte.

Aber nicht nur Filialmitarbeitern und Lehrlingen geht es bei Netto offenbar schlecht. Auch höher gestellte Mitarbeiter sind vor Unbill nicht gefeit, wenn sie zu teuer oder zu unbequem werden. In einem besonders drastischen Fall schreibt Nicole M. über die Erfahrungen ihrer Familie mit dem Discounter, der sich neuerdings das Motto «einfach besser» zugelegt hat:

«Ich bin die Ehefrau eines ehemaligen Managers bei Netto Markendiscount. Mein Mann und ich haben drei Kinder im Alter von 8, 11 und 13 Jahren. Es wundert Sie vielleicht, dass ich das alles aufschreibe, aber mein Mann ist dazu gar nicht mehr in der Lage. Er kann kaum eine Minute darüber reden, ohne die Fassung zu verlieren. Sobald die Sprache auf dieses Geschehen kommt, merke ich sofort, wie tief ihn das alles verletzt hat. Die Geschichte:

Nach ein paar Jahren als Filialleiter bei Lidl stieg mein Mann Anfang 2004 bei Netto auf derselben Position ein. Er bekam eine sehr schlechte Filiale zugewiesen mit roten Zahlen, die er dann innerhalb kürzester Zeit aus dem Dreck zog und beste Zahlen hervorbrachte. Das führte nach knapp einem Jahr zu seiner Beförderung zum Verkaufsleiter-Assistenten. Hier bewährte sich mein Mann ebenfalls und wurde erneut befördert zum Verkaufsleiter.

Seit 2006 war mein Mann also bei Netto als Verkaufsleiter beschäftigt. Er bekam erst einen Bezirk 300 Kilometer entfernt von unserem Wohnort. Dort hatte er mit zwei neuen, nicht ausgebildeten Assistenten dreizehn Filialen zu betreuen. Er arbeitete sechs Tage die Woche, von morgens sieben bis abends in den Filialen, danach bis Mitternacht im Hotelzimmer am Laptop, um sich alles selbst beizubringen und den Bezirk auf dem Stand zu halten. Trotz dieses Arbeitspensums war nichts gut genug. Er musste zum Beispiel in einer Filiale drei Mal das Getränkeregal umbauen, und ständig übte der Gebietsverkaufsleiter Druck aus.

Nach ein paar Monaten waren es im Schnitt sieben Filialen und immer noch viel Arbeit, aber dies alles machte meinem

Mann nichts aus, da er in seinem Beruf aufging. Der Job machte ihm Spaß. Die Filialleiter lobten ihn, da er human mit ihnen umging. Er hatte freie Hand, und der Druck von oben war nicht so groß. Sein Vorgesetzter sorgte dafür, dass er einen Bezirk in Wohnortnähe bekam, und nun passte einfach alles.

Mein Mann machte aus dem erst schlechten Bezirk einen mit den besten Zahlen. Es lief perfekt. Er verstand es, sein Personal zu führen, und war dafür bekannt. Außerdem wurde immer mein Mann damit beauftragt, neue Verkaufsleiter einzuarbeiten, was er auch gerne tat.

Doch irgendwann kam die Übernahme von Plus. Damit begannen die schlimmen Zeiten. Netto hatte sich mit der Übernahme der gesamten Plus-Filialen übernommen und musste anfangen zu sparen. Der Führungsstil wurde schärfer. Von den etwa 25 Plus-Bezirksleitern waren eineinhalb Jahre später noch zwei übrig. Die Chefetage meines Mannes wurde nach und nach ausgetauscht und durch Manager aus anderen Niederlassungen oder von anderen Discountern ersetzt. Diese Prozedur setzte sich Stufe um Stufe nach unten fort, bis im Mai 2011 der direkte Vorgesetzte meines Mannes plötzlich weg war. Keiner wusste warum.

Neue Chefs kamen.

Plötzlich waren alle Entscheidungen meines Mannes in seinem Bezirk falsch, egal was er tat, obwohl dieselben Entscheidungen einige Zeit vorher immer für richtig erachtet und auch unterstützt worden waren. Sein Chef konnte sich nicht mehr an Absprachen erinnern, und aus dem jahrelangen «Du» wurde wieder das «Sie». Alles wurde bemängelt. Das zermürbte meinen Mann. An vier von fünf Arbeitstagen war sein Chef im Bezirk, egal, ob mein Mann arbeitete oder frei hatte. Ein Etikett nicht genau in der Mitte? Kritikgespräch. Ein fauler Apfel im Verkauf? Kritikgespräch. Ein Fleck auf dem Boden? Kritikgespräch. Ein Fehlartikel, egal ob verschuldet oder nicht? Kritikgespräch.

Aber das Mobbing begann erst. Es hieß, mein Mann solle gefälligst sechs Tage die Woche arbeiten, obwohl im Arbeitsvertrag fünf Tage und ein freier Tag stehen. Er solle sich endlich um die Filialen kümmern. Außerdem solle er sich doch lieber schon einmal nach einem neuen Job umsehen. Ab diesem Zeitpunkt ging es wirklich an die Substanz meines Mannes. Er baute nervlich immer mehr ab und war oft abends nach der Arbeit nicht mehr ansprechbar, geschweige denn fähig, am Familienleben teilzuhaben. Unsere drei Kinder litten ebenfalls unter der Situation.

Anfang August wagte mein Mann dann aus lauter Verzweiflung und Angst um seinen Job ein Gespräch bei seinem Regionalleiter. Der fand alles aber genau richtig so. Wo denn hier ein Problem sei, das sei doch normal, sagte er.

Die Schikanen des Chefs nahmen daraufhin sogar noch zu. Ständig kündigte er Filialbesuche an jenen Tagen an, an denen mein Mann seinen freien Tag eingetragen hatte, ständig kamen abendliche Kontrollanrufe, wo mein Mann denn sei, um ihm dann nachzufahren und zu kontrollieren, ob er denn wirklich in der Filiale war, die er genannt hatte. Er bekam immer wieder zu hören, es solle doch endlich die Firma verlassen.

An einem Freitagmittag, dem umsatzstärksten Tag in der Woche, eskalierte die Situation. Der Vorgesetzte meines Mannes kontrollierte wieder und rief ihn an. Zwei seiner Läden seien «unter aller Sau», er solle bis nachts arbeiten und sie auf den Stand der Note 2 bringen, was fast Neueröffnung ist, und Rückmeldung geben, ansonsten könne er sich gleich auf seine Kündigung einstellen.

Gegen 14 Uhr an diesem Tag bekam ich einen Anruf von meinem Mann, den ich am Telefon kaum verstehen konnte. Er konnte sich nicht mehr beruhigen und war nervlich nach den monatelangen Mobbingattacken am Ende. In meiner eigenen schlechten Verfassung, mir ging das auch an die Nerven, riet ich ihm, sofort zum Arzt zu fahren. Mein Mann geht nur im äußersten Notfall zum Arzt, er war in sieben Jahren bei Netto ganze zwei Tage krank. Aber zu diesem Zeitpunkt war er so fertig, dass er nicht mehr anders konnte. Der Arzt attestierte ihm sofort ein massives Burnout-Syndrom und verschrieb ihm Antidepressiva. Er war völlig am Boden zerstört.

Im Verlauf des Nachmittags kam der Kontrollanruf seines Vorgesetzten, ob der Laden nun auf dem Stand sei. Als mein Mann ihm mitteilte, dass er für die nächsten drei Wochen krankgeschrieben sei, entgegnete sein Chef nur, dann wisse er ja Bescheid.

In der zweiten Woche der Krankschreibung kam es zum Äußersten. Hier bekam ich seinen Vorgesetzten zum ersten Mal zu sehen. Mein Mann war gerade auf dem Weg, unsere Jüngste mittags von der Schule abzuholen, als ich in der Küche stand und zufällig zum Fenster hinausblickte. Ich sah zwei dicke Audis zu unserem Haus fahren, und schon wurde mir schlecht. Das eine Auto hielt auf dem gegenüberliegenden Parkplatz, das andere stand dahinter, beide nur wenige Meter von unserem Haus entfernt, mit Sicht zur Haustüre. Aus dem Auto direkt vor der Tür stieg sein Vorgesetzter mit einem DIN-A4-Umschlag in der Hand. In Sekunden rief ich meinen Mann mit dem Handy an, um ihm zu sagen, was hier passierte, und rannte gleichzeitig zur Haustür. Sein Chef saß schon wieder im Auto und wollte gerade wegfahren. Ich hielt ihn aber auf, indem ich ihm vor lauter Wut und Angst fast vor das Auto rannte. Gleichzeitig sah mich der Regionalleiter aus der Türe kommen und flüchtete mit seinem Auto. Hatte dieser Mann nicht den Arsch in der Hose, mir gegenüberzutreten? Der direkte Vorgesetzte meines Mannes ließ das Seitenfenster herunter, und ich fragte: ‹Haben Sie jetzt meinem Mann gerade die Kündigung eingeworfen?› Seine Antwort war nur: ‹Ja.›

Unter Tränen der Verzweiflung fragte ich ihn immer wieder nach dem ‹Warum›, aber er gab mir keine Antwort. Als mein Mann, der das Ganze am Telefon mitgehört hatte, zurückkam, gab sein Chef schnell Gas und flüchtete.

Die Kündigung war fristlos, ohne Angabe von Gründen. Wir hatten ein schlechtes Gefühl, was sich eine Woche später bestätigen sollte. Ein ehemaliger Marktleiter stand vor unserer Haustüre. Wir waren verwundert, da mein Mann nie privaten Kontakt mit dem jungen Mann von gerade einmal 21 Jahren gehabt hatte. Aber er beharrte darauf, mit meinem Mann reden zu müssen, und wir baten ihn herein. Er erklärte, dass kürzlich der Vorgesetzte meines Mannes zu ihm in den Laden gekommen sei und mit ihm unter vier Augen habe reden wollen. Er habe ihn gefragt, welche negativen Eigenschaften mein Mann habe. Der Vorgesetzte wurde immer aggressiver, und schlussendlich drängte er den Marktleiter, ein Schreiben nach Diktat zu verfassen und anschließend zu unterzeichnen. Darin waren angebliche Verfehlungen aufgelistet, unter anderem, dass mein Mann seine Marktleiter regelmäßig angewiesen hätte, die Inventuren zu manipulieren. Dies war zwar nicht der Fall, aber der Vorgesetzte drohte dem Marktleiter, ihm sofort zu kündigen, falls er nicht unterschreibe. Weil er Angst um seinen Job hatte, unterschrieb er dieses Schriftstück. Nun hatte Netto also einen Grund für die Entlassung meines Mannes. Der Marktleiter wurde kurz darauf dann selbst entlassen. Er war sofort bereit, bei unserem Anwalt zu Protokoll zu geben, wie seine Zeugenaussage zustande gekommen war.

Wir mussten wochenlang mit dem Arbeitsamt kämpfen. Sie wollten zuerst kein Arbeitslosengeld zahlen, wegen der fristlosen Kündigung. Wir reichten Kündigungsschutzklage beim zuständigen Arbeitsgericht ein. Leider wurde der anberaumte Termin zur Güteverhandlung auch noch zwei Mal verschoben, und wir saßen lange im Ungewissen, was mit unserem Leben passieren würde. Wir durchlebten Qualen und Selbstzweifel, waren enttäuscht und entwickelten eine unglaubliche Wut.

Während dieser Zeit gingen mehrere Schriftstücke der Anwälte hin und her. Unser Anwalt machte der Firma Netto klar, dass sie mit einer fristlosen Kündigung nicht durchkommen werde, da die Zeugenaussage des Marktleiters der Hauptgrund für die angeblich gerechtfertigte Kündigung sein sollte.

Ende Januar fand dann endlich die Güteverhandlung statt. Von Netto erschien niemand, sie ließen sich nur durch den einen Rechtsanwalt vertreten. Im Ergebnis wurden alle Vorwürfe fallengelassen und zurückgezogen. Mein Mann bekam eine ordentliche Kündigung mit Abfindung und ein gutes Zeugnis. Eigentlich hätten wir es mit der Zeugenaussage des Marktleiters auf eine richtige Verhandlung ankommen lassen können, da Netto niemals mit dieser fristlosen Kündigung durchgekommen wäre, aber wir hatten einfach keine Nerven mehr, diesen Horror noch weiterzuführen. Mein Mann und ich wollten endlich Ruhe haben.

Warum genau er weg sollte, können wir uns schlussendlich nur zusammenreimen. Wahrscheinlich war sein Gehalt zu hoch für den neuen Sparkurs von Netto. Da es ständig Bewerbungen von Frischlingen gibt, konnte man ihn problemlos ersetzen. Es ist wirklich eine Schande, wie im Discounterbereich mit den Arbeitskräften umgegangen wird und wie einfach so über das Leben einer Familie nach Lust und Laune bestimmt wird.

Sie glauben nicht, welche immensen Sorgen wir wegen dieser ganzen Sache hatten. Wir haben 2006 ein Haus gebaut, und von einem Tag auf den anderen steht mein Mann ohne Job da. Wir haben schon über den Verkauf des Hauses nachgedacht, was uns dann komplett zugrunde gerichtet hätte. Und dann erst unsere Kinder! Da stecken Gefühle in einem drin, die nicht in Worte gefasst werden können. Es sind zum Teil Rachegedanken, die einen vor sich selbst erschrecken lassen. Aber das kann keiner verstehen, der es nicht selbst erlebt hat.»

Wie wenig sich bei der Edeka-Tochter Netto geändert haben dürfte, zeigt die interne E-Mail eines Verkaufsleiters aus einer anderen Region: «Nun ist es so weit, der Tag des Abschieds ist gekommen», leitet er seine am 31. Januar 2013 um 18:05 Uhr abgesendete Frust-Ablass-Nachricht ein, von der neben etlichen Führungskräften auch Netto-Boss Franz Pröls eine Kopie erhielt. Sie ist mit «Abschied» überschrieben, könnte sich aber auch «Abrechnung» nennen. Er habe gerne und erfolgreich mehr als drei Jahre lang für Netto gearbeitet, führt der Absender aus, wohingegen «Kolleginnen und Kollegen aufgrund ihrer negativen Resultate an die Wand gestellt» worden seien. An seinem letzten Arbeitstag beklagte er mangelnde Wertschätzung, nicht aber «im Branchenvergleich unterirdische Entlohnung». Offenbar ärgert sich der Absender, dass ihm der Aufstieg verwehrt blieb. «Die oft gepriesene ‹Unterstützung›, die anscheinend mit einer schizophrenen Besuchsintensität zum Ausdruck gebracht werden soll, verfehlt hier leider somit ihre Intention», wettert er denn. «Hier kündigen binnen weniger Wochen 4 Verkaufsleiter (...) und niemand stellt unbequeme Fragen?! Wie weit reicht denn die (bayerische) Selbstverherrlichung noch?» Beim Filialpersonal machten sich aufgrund der hohen Fluktuation «flächendeckend Demotivation und Enttäuschung» breit.

So geht die mit einigen Ausrufungszeichen und großen Worten gespickte Mail noch weiter, bevor sich der Absender für die «tolle Zusammenarbeit, trotz der großen Unzufriedenheit, die uns umgeben hat», bedankt und «Alles Gute!» wünscht. Für ein «Abendessen» oder ein «Frühstück» in Ponholz dürfte diese Nachricht nicht gesorgt haben, wohl höchstens für ein müdes Lächeln.

«Haben wir Wurmkuren?»

Fristo und Fressnapf:
Berichte aus dem Franchise-Wesen

Bei Aldi lautet die Devise: Wir zahlen einigermaßen, also können wir alles verlangen. Andere Unternehmen sind derweil dazu übergegangen, ihre Mitarbeiter mit Dumpinglöhnen abzuspeisen und trotzdem große Forderungen zu stellen. Und häufig muss man nach ihnen nicht einmal lange suchen, denn in der Nähe frequenzbringender Aldi-Märkte siedeln sich gerne Fach-Discounter an, die das bewährte System im Prinzip übernommen haben.

Ich erinnere mich an mehrere Situationen aus meiner Zeit als Aldi-Manager, in der mich Mitarbeiter von KiK und Co. ansprachen und «rübermachen» wollten. Sie klagten nicht nur über miserable Entlohnung. Nach einem längeren, ergebnislosen Gespräch mit einer kettenqualmenden, muffinmampfenden Takko-Bezirksleiterin über deren Auszubildende, die in der Berufsschule negativ aufgefallen waren, konnte ich auch Beschwerden über unfähige Führungskräfte gut nachvollziehen.

Gerade im Bereich der Fachmärkte erfreuen sich Systeme, die auf unternehmerischen «Partnerschaften» basieren, großer Beliebtheit. Große wie kleine Ketten greifen darauf zurück, um schnell zu expandieren, aber auch um Risiken auszulagern.

Wie der Getränkemarkt Fristo zum Beispiel, der in neun Bundesländern überwiegend in Süd- und Ostdeutschland mehr als 260 Märkte betreibt. Das Sortiment des Fachdiscounters umfasst etwa 500 Getränke. Die Märkte werden aber nicht von angestellten Mitarbeitern, sondern von sogenannten «selbständigen Handelsvertretern» betrieben. Es werden ständig neue Partner gesucht.

Selbständiger Handelsvertreter – das klingt gut, und viele Interessenten schöpfen in den Vorstellungsgesprächen große Hoffnung. «Menschen mit einer gewissen Grunddummheit sind für diesen Laden ideal», sagt ein ehemaliger Fristo-Gebietsleiter. «Wer allerdings rechnen kann, merkt noch vor der Unterschrift, dass sich dieses Geschäft für ihn nicht lohnen wird. Aber die meisten unterschreiben, weil sie das gar nicht so genau wissen wollen oder keine Alternative haben.»

Zu einem ähnlichen Ergebnis gelangte der Beitrag «Ausgebeutet im Getränkemarkt» im Bayerischen Fernsehen, ausgestrahlt im November 2012: die Handelsvertreter tragen das volle Risiko, haben weniger Rechte, aber die gleichen Pflichten wie Angestellte. Anhand mehrerer typischer Beispiele zeigten die Reporter, dass viele Fristo-Pächter von Montag bis Samstag während der kompletten Öffnungszeiten und zusätzlich bei Warenlieferungen anwesend sind. Sie arbeiten oft 70–80 Stunden die Woche, für Mitarbeiter ist kein Geld mehr da. Etwa 1500 Euro netto verdienen die Handelsvertreter im Monat, was für manchen weniger als fünf Euro pro Stunde ergibt.

«Die werden total ausgenutzt», gibt der ehemalige Gebietsleiter im Nachhinein zu. «Das System funktioniert eigentlich nur, wenn Familienangehörige noch kostenlos mithelfen. Dann können Sie einen solchen Markt über Jahre betreiben. Oder wenn Sie es als Hobby sehen, nach dem Motto: besser als arbeitslos. Deshalb haben wir auch gezielt Leute über 50 gesucht, die sonst nirgends mehr unterkommen und solche Bedingungen schlucken. Dass die Handelsvertreter nicht ‹richtig› selbständig sind, liegt eigentlich auf der Hand.»

Doch die Rechtslage ist unklar, und vielen Mitarbeitern fehlen Mut und Geld, sich in ein normales Arbeitsverhältnis zu klagen. Solange das so bleibt, spart Fristo neben den Lohnkosten vor allem Sozialabgaben, umgeht arbeitsrechtliche Schutzvorschriften und lagert Risiken aus. Im Internet klagen viele Betroffene ihr Leid.

Ein großes Thema sind wie bei vielen solcher Vertriebsmodelle Warenbestandsdifferenzen. Immer wieder berichten Pächter nach Inventuren über plötzliche Fehlbestände in ihnen unerklärlicher Höhe. Denn die Pächter haften für die Differenzen. Der ehemalige Fristo-Gebietsleiter erklärt hierzu: «In Getränkemärkten wird viel gestohlen, gerade beim Pfand ist es total einfach, zu manipulieren. Viele Pächter sind mit der Buchhaltung überfordert und kapieren das System nicht, sie werden aber auch nicht richtig eingewiesen. Sie haben keine Mittel, sich Personal einzustellen. Oft arbeiten sie bis Mittwoch mit einer 1:0-Besetzung. Wenn eine Lieferung kommt, ist keine Zeit zu kontrollieren, ob die Mengen stimmen. Ich habe außerdem viele Getränkemarktler beobachtet, die zu ihren eigenen besten Kunden wurden. Bei Übergabeinventuren konnte man oft halbvolle Bierkisten in den unteren Lagen finden. Fristo hat eigentlich eine faire Retourenregelung, aber viele Pächter haben weder den Überblick noch Zeit zur Datenkontrolle, und so läuft massenhaft Ware ab. In manchen Märkten habe ich sogar seit Jahren abgelaufenes Mineralwasser entdeckt.»

In der Doku des Bayerischen Fernsehens wies die Fristo-Geschäftsführung, die dem Sender ein Interview gewährte, alle Vorwürfe weit von sich. Mit 90 Prozent der Pächter gebe es keine Probleme, und wenn, dann suche man das Gespräch.

Offen blieb indessen, wie solche Gespräche endeten. Fakt

ist: Die Fristo-Mitarbeiter sind unter dem Etikett «Handels-vertreter» letztlich Dumpinglohnempfänger, denen zusätzlich unternehmerisches Risiko aufgebürdet wird.

Anders hingegen stellt sich die Situation beim Fachdiscounter Fressnapf dar. Der boomende Tiernahrungsfachmarkt mit dem Werbespruch «Alles für mein Tier» ist hierzulande bereits an über 800 Standorten vertreten. Laut Unternehmensangaben handelt es sich um die größte derartige Kette in Europa, die jüngst eine Zweigstelle in Polen zu ihrem Dutzend Auslandsstandorten hinzufügte. Im Geschäftsjahr 2011 betrieb der Konzern mit Sitz in Krefeld insgesamt knapp 1200 Filialen und erwirtschaftete mehr als 1,3 Milliarden Euro Umsatz, mit ansteigender Tendenz. Zur rasanten Entwicklung der erst 1990 gegründeten Kette trägt neben in Eigenregie betriebenen Filialen ein Franchise-System bei, das laut «Fressnapf-Vision» erschaffen wurde «in der Erkenntnis, dass die rasche Multiplikation zur Bildung von Synergien sowohl auf der Einkaufsseite als auch im Bereich des Kostenmanagements nur mit einem ständig wachsenden Team von Partnern, das von Eigendynamik und Begeisterungsfähigkeit lebt, zu erzielen sei».

Einfacher gesagt, verkauft Fressnapf seinen Franchisenehmern das Recht, das unternehmerische Gesamtkonzept regional zu nutzen. Dabei gilt Fressnapf neben dem Baumarkt Obi als großes Erfolgsmodell im Franchising, das es vernünftig wirtschaftenden Unternehmern mit einem hohen Umsatz und eventuell mehreren Standorten durchaus ermöglicht, gutes Geld zu verdienen.

Ein Arbeitsplatz bei Fressnapf sei krisensicher, meint Fressnapf-Gründer und -Geschäftsführer Torsten Toeller auf seiner «Karriere-Homepage». Er erklärt: «Tiere haben immer Konjunktur, sie stehen für Werte wie Treue, Zuverlässigkeit und Partnerschaft.» Immerhin nimmt er diese Werte nicht für sein Unternehmen in Anspruch, da bleibt Toeller etwas nebulöser: «Wir sind anders. Wir sind besser. Wir sind leidenschaftlich. Wir sind menschlich. Wir handeln.» All dies soll in der Vision «Wir sind der geilste Fachmarkt der Welt» gipfeln.

Die Experten für Katzenklos und Hundefutter aus der Dose haben offenbar einen Sinn für Humor, denn der Alltag von Frau Müller, die seit Jahren in einem Fressnapf-Markt als Verkäuferin beschäftigt ist, liest sich anders. Sie hat eine exemplarische Woche protokolliert:

«Montag ist Werbungstag, also viel los. Ich komme um 8.45 Uhr an, warte auf meine Filialleitung. Wir gehen rein, ich öffne den Safe, die Filialleitung das Computerprogramm ‹Dewas›, die Zeit läuft. Um die Kasse noch mal zu zählen, bleibt keine Zeit, also übernimmt man die Kasse, egal ob da 1, 2 oder 30 Euro Minus sind. Dann kümmere ich mich um Mindesthaltbarkeitsdaten, ich nehme also jeden Artikel immer und immer aus dem Regal. Nebenbei kassiere ich und räume natürlich auch die Regale nach. Wenn ein Kunde reinkommt, bin ich angehalten, ihn anzusprechen mit ‹Wie kann ich Ihnen helfen?›, wehe ich tue es nicht, könnte ja ein Testkunde sein. Spricht man ihn nicht an, dann bekommt man eine rüber. Ich habe ziemliche Angst vor den Testkäufern. Ich wurde schon öfters getestet, aber 100 Prozent habe ich noch nie erreicht. Wie soll ich das machen? Ich muss beraten, verkaufen, kassieren und verräumen, oft alleine im Laden. Eine Kollegin wurde neulich mit einem gezielten Testkauf fertiggemacht. Mit ein paar billigen Dosen und zwei teureren dazwischen wurde sie aufs Glatteis geführt. Mit dem Testkäufer kam gleich die Bezirksleiterin, die ihr eine verbale Abreibung und eine Abmahnung verpasst hat. Die Filialleitung macht Bedarfsabfragen und E-Mails.

Dienstags habe ich oft frei. Wenn nicht, läuft das übliche Programm, ähnlich wie montags. Sollte es mal ruhiger sein, muss ich den Laden fegen und wischen, abwaschen oder das WC sauber machen. Putzfrau haben wir keine.

Am Mittwoch muss alles aus dem Lager raus, weil bald wieder Ware kommt. Unsere Filialleitung geht gegen Mittag Geld wegbringen (wie auch montags und freitags), in der Zwischenzeit bin ich natürlich alleine im Verkaufsraum. Muss ich aufs Klo oder kommen viele Kunden, habe ich Pech gehabt. Ich rase wie ein Wiesel durch den Laden, und wenn die Filialleitung zurückkommt, fragt sie grundsätzlich: ‹Frau Müller, was haben Sie die ganze Zeit gemacht?› Als sich eine Aushilfe mal darüber beschwerte, wurde sie sofort gefeuert. Deshalb sage ich lieber nichts. Am Donnerstagmittag kommt der LKW, der Fahrer ist meistens ziemlich genervt wegen vollen Straßen und Zeitdruck. Die ersten Worte, die ich von ihm höre, sind: ‹Nicht lange schnacken, sondern Kopf im Nacken›.

Okay, ich gebe Gas, nehme die E-Ameise, von der ich kein bisschen Ahnung habe. Die Paletten sind hoch und schief, mir schwant Böses, aber was soll ich tun. Es ist keiner da, der mir helfen könnte. Die Filialleitung sitzt vor dem Computer. Angst, was ist das, also lade ich den LKW ab, etwa 11–16 Europaletten. Zwischendurch schaue ich um die Ecke, in den Laden hinein. Kunden stehen an der Kasse, also renne ich zur Kasse. Der LKW-Fahrer ärgert sich, aber was soll ich machen? Ich rase wieder raus, es ist kalt und regnet, egal, das bekomme ich auch noch hin. Gerade bin ich draußen, ein Kunde fragt: ‹Wo ist das Chinchilla-Futter?›, also stelle ich die E-Ameise wieder ab und muss rein zum Beraten. Nun endlich kommt die Aushilfe, ich atme auf. Schnell versuche ich, den LKW abzupacken, von hinten höre ich: ‹Frau Müller, haben wir Wurmkuren?› ‹Nein›, antworte ich, ‹haben wir noch nie gehabt, warum sollen wir sie heute haben?› Bin ich auf einem falschen Planeten? Meine Nerven liegen blank. Jetzt ist alles abgeladen, ich fahre das Zeug rein. Es ist ziemlich eng, aber die Ware muss schnell rein, damit der Kunde nicht über die Paletten stolpert. Also los geht's, ich fange an, abzupacken, aber die Paletten sind ca. zwei Meter hoch. Ganz oben liegt ein Sack Royal Canin CC, der 20 Kilo schwer ist. Ich versuche, ihn runter zu bekommen, alleine unmöglich, ich rufe die Aushilfe. Sie hilft mir, aber an der Kasse sind schon wieder Kunden. Ich hetze nach vorne, freundlich sein und wieder zurück. Wir gehen natürlich nicht pünktlich um 19 Uhr, wir müssen noch die Abrechnung machen, also gehen wir erst eine Viertelstunde später. Bezahlt wird das nicht. Um seinen Arbeitsplatz zu behalten, macht man das.

Ich komme am Freitag wieder rein und stehe vor dem Desaster: Es sind noch fünf Paletten übrig. ‹Aushilfen brauchen wir nicht›, heißt es. Heute ist ein Höllentag. Damit die Filialleitung ihre monatliche Produktivitätsprämie kriegt, muss ich alles alleine machen. An Pause ist nicht zu denken. Ich habe zur Zeit nur 70 Überstunden, normalerweise aber immer zwischen 100 und 120. Wenn ich mal Urlaub habe, dauert es nicht einen Tag, dass die Firma anruft, weil ich was vergessen habe oder sich ein Kunde beschwert hat. Oft wegen Kinderkram, wenn ich zum Beispiel ein Preisschild vergessen habe. Ich komme überhaupt nicht zur Ruhe, weil ich immer Angst habe, dass wieder ein Anruf kommt. Wenn ich mal nach einer Gehaltserhöhung bei der Bezirksleiterin frage, heißt es, jetzt nicht, keine Zeit. Wenn ich frage, wann, heißt es, weiß auch nicht, ein andermal vielleicht. Weiter oben zu fragen, bringt auch nichts, habe ich einmal probiert, die haben auch keine Zeit für mich. Es hieß nur: Seien Sie froh, dass Sie in Ihrem Alter überhaupt noch einen Job haben.»

Frau Müller, die tatsächlich nicht so heißt und aus Angst vor Repressalien anonym bleiben möchte, ist 47 Jahre alt und arbeitet gemäß ihrem Arbeitsvertrag 25 Stunden pro Woche. Für 7,50 Euro. Bei Lohnsteuerklasse 5, die sie hat, sind das 520 Euro netto. Dennoch arbeite sie, hauptsächlich um krankenversichert zu sein, wie sie erklärt. Und weil sie es möchte. Sie habe immer in ihrem Leben und immer gerne gearbeitet, sagt die Fressnapf-Verkäuferin, aber langsam sei die Schmerzgrenze erreicht. Von Jüngeren werde sie belächelt. Weshalb sie nicht lieber zu Hause bleibe und Hartz IV beantrage, fragen die.

Mir liegen mehrere Aussagen und Fressnapf-interne E-Mails und Richtlinien vor, die eine klare Sprache sprechen: Es gibt viele Frau Müllers.

Der «Leitfaden Personaleinsatzplanung» vom 7. Januar 2013 regelt beispielsweise, dass der wöchentliche Arbeitsplan erst bis Donnerstag 8.00 Uhr der Vorwoche an die Zentrale nach Wolfsburg gemeldet werden soll. Folglich müssen sich die Verkäuferinnen ständig die gesamte Woche freihalten und können Termine oder private Verabredungen nur kurzfristig planen. Darunter leiden, trotz der formal niedrigen Stundenzahl, Partnerschaften und Freundschaften. Das Personal ist vielfach in Teilzeit beschäftigt, muss aber immer verfügbar sein. «Ich habe kaum noch Zeit für meinen Mann und meine Kinder, kann kaum noch abschalten», klagt eine weitere Insiderin.

Mitarbeiter des Fachdiscounters müssen zusätzliche Stunden arbeiten, weil die Personaldecke dünn ist. Aber die sogenannten Mehrarbeiten werden häufig nicht ausbezahlt. Laut internen Richtlinien sind «geleistete Überstunden» zwar «zu dokumentieren», aber «unter Berücksichtigung betrieblicher Belange ‹abzufeiern›». Das bedeutet in der Praxis prall gefüllte Überstundenkonten. Damit gewähren viele Mitarbeiter ihrem Arbeitgeber unfreiwillig einen unverzinslichen Kredit. Über alle knapp 10 000 Fressnapf-Mitarbeiter gerechnet, dürfte so eine erkleckliche Summe zusammenkommen, mit der die kleinen Angestellten das Wachstum der Kette mitfinanzieren.

Die Fressnapf-Filialleiter werden, ähnlich wie bei Aldi, über einen sogenannten «Produktivitätsfaktor» gesteuert. Auszubildende, laut «Leitfaden Personaleinsatzplanung» unabhängig davon ob «eigen / Bildungsträger», werden mit 50 Prozent der Stunden berücksichtigt, Praktikanten gar nicht. So ist für lokale Führungskräfte ein Anreiz geschaffen, möglichst viele von diesen billigen, den «Produktivitätsfaktor» erhöhenden Kräften zu beschäftigen.

Doch all dies macht den Fressnapf noch nicht voll. Ab Januar 2013 hatten Teilzeitkräfte wie Frau Müller eine weitere Änderung hinzunehmen. Internen Unterlagen zufolge «muss» bei einer Arbeitszeit zwischen vier und sechs Stunden «eine halbe Stunde Pause gewährt» werden, bei einer Arbeitszeit über sechs Stunden sogar eine ganze Stunde. Die Arbeitszeitordnung sieht derweil erst bei mehr als sechs Stunden 30 Minuten Pause und bei mehr als 9 Stunden 45 Minuten Pause vor. Mehr Pause zu «gewähren» als gesetzlich vorgeschrieben, muss also einen Vorteil für Fressnapf bringen. Ein Abweichen von der «großzügigen» Fressnapf-Regelung dürfe nur in Ausnahmefällen und nach Absprache mit dem Bezirksleiter erfolgen, regelt dann auch das interne

Papier. Dabei wird der Rahmen gleich eingeschränkt: «In Absprache mit dem Bezirksleiter kann bei einer Arbeitszeit bis 5 Stunden auf eine Pause verzichtet werden.»

Das Problem: Verkäuferinnen wie Frau Müller machen de facto gar keine Pause. «Mir fehlen durch diese Regelung in der Woche 2,5 Stunden. Das macht im Monat 10 Stunden. Bei 7,50 Euro sind das nach Adam Riese 75 Euro weniger», beklagt sie. Fressnapf hat dadurch im Januar dieses Jahres Verkäuferinnen wie Frau Müller über die Pausenregelung den Stundenlohn gekürzt. Sie muss jetzt für 520 Euro netto noch einmal 10 Stunden mehr im Monat für den «geilsten Fachmarkt der Welt» arbeiten.

Normalerweise lasse sie sich nichts bieten, sagt Frau Müller. Aber sie hat Angst um ihren Job. In ihrem Alter und in der strukturschwachen Region, in der sie lebe, finde sie möglicherweise gar keinen mehr, fürchtet sie. Einen Betriebsrat, an den sie sich wenden könnte, gibt es selbstredend nicht. Müller fühlt sich ausgeliefert, sieht keinen Ausweg.

Für den Menschen ist zwischen Hundewurst-Sparpaketen und Katzenstreu in der Vorteilspackung offenbar wenig Platz. Aber Fressnapf liebt ja auch hauptsächlich Tiere.

«So wenig Geld für so einen krass guten Job»

Zeitarbeit und Werkverträge

Raphael S. aus Köln berichtet mir im Frühjahr 2013: «Im Juni 2009 beendete ich erfolgreich meine Ausbildung als Kaufmann für Bürokommunikation und Englischer Fremdsprachenkorrespondent bei der Deutschen Telekom mit einem Azubi-Gehalt in Höhe von zuletzt durchschnittlich 900 Euro/Monat brutto. Da ich nicht zu den besten zehn Prozent meines Jahrgangs gehörte, die eine direkte Übernahme bereits sicher in der Tasche hatten, waren meine Chancen auf eine solche eher gering. Zumal es der Abteilung, in der ich zuletzt als Azubi eingesetzt war, organisatorisch nicht mehr möglich war, rechtzeitig eine Stelle für mich einzurichten.

Uns Auszubildenden war bereits im Januar 2009 ein interner Personaldienstleister vorgestellt worden: ‹In enger Zusammenarbeit mit der Deutschen Telekom bietet die Vivento Interim Services (VIS) 1000 Nachwuchskräften … einen unbefristeten Arbeitsvertrag an, sofern Sie mindestens mit der Note «Befriedigend» abgeschlossen haben.› Die VIS würde für den Arbeitnehmer Anstellungsmöglichkeiten suchen, in erster Linie innerhalb der Telekom, aber auch extern, der Lebenslauf bliebe somit lückenlos.

Am 25. Juni 2009 unterschrieb ich bei Vivento. Ab dem 15. Juli 2009 mietete mich meine Abteilung an. Zunächst für drei Monate und anschließend noch mal für drei Monate zu einem internen Verrechnungspreis von fünf Euro pro Quartal. Ich verdiente im Schnitt 1500 Euro brutto im Monat, und in der nächsten regulären Übernahmephase zum Frühjahr 2010 konnte ich schließlich in meiner Abteilung fest einsteigen.

Ich habe also mit diesem Inhouse-System von Personaldienstleistern gute Erfahrungen gemacht. Nach zwei Jahren, in denen ich brutto durchschnittlich 1850 Euro im Monat verdiente, war mir die Arbeit zu eintönig geworden. Ich entschied mich, zunächst einen dreimonatigen Sprachaufenthalt in Spanien zu verbringen und anschließend ein Fremdsprachenstudium zu beginnen, das ich allerdings nach drei Semestern vorzeitig beendete. Ich hätte nie gedacht, dass es danach so schwierig ist, eine ordentliche Anstellung zu finden. Die Unternehmen stellen inzwischen fast nur noch über externe Dienstleister ein.

Eines Nachmittags – ich hatte bereits einige Bewerbungen laufen – erhielt ich einen Anruf von einer Dame, deren Namen ich beim zweiten Mal, den ihres Unternehmens aber erst beim dritten Mal (und da eher mit Müh und Not) verstand. Der Job hörte sich auch klasse an: Back Office für die Außendienstmitarbeiter der Sparte Geschäftskunden bei Vodafone – ein Hammer-Job, eigentlich. Aber die Arbeitsstelle wäre nicht *bei*, sondern lediglich *für* Vodafone gewesen, angestellt gewesen wäre ich bei dem Personaldienstleister.

Das Gespräch endete dann auch prompt bei der Gehaltsfrage: sie könne mir 750–850 Euro (brutto, netto, wo ist da der Unterschied bei diesem niedrigen Betrag?) zahlen. Da ich mehr verlangte, immerhin verdiente ich schon im letzten Ausbildungsjahr mehr, beendete sie das Gespräch. Etwa 800 Euro? So wenig Geld für so einen krass guten Job?»

Raphael S. ist kein Einzelfall. Der Trend zum Outsourcing ist kaum gebrochen. Branchen wie die Automobilindustrie beispielsweise haben ihre Wertschöpfungstiefe längst auf ein Minimum reduziert. Die Lagerhaltung findet auf den Autobahnen statt, von wo aus die Fabriken *just in time* mit Vorprodukten und Teilen versorgt werden. Oft sind in diesem Zusammenhang Produktionsschritte nicht nur an billigere Kräfte delegiert, sondern mitsamt den Maschinen gleich in Niedriglohnländer verlagert worden. Das ist bei ortsgebundenen Dienstleistungen kaum möglich, und so müssen hierzulande im Wettbewerb um niedrige Kosten andere Wege gefunden werden.

Für Handelskonzerne ist es zum Beispiel attraktiv, auf Dienstleister zurückzugreifen, die nicht tariflich gebunden sind und ihren Mitarbeitern deshalb nur sechs oder sieben Euro pro Stunde zahlen. Diese Kräfte sind selbst mit dem Unternehmeraufschlag des Dienstleisters noch billiger und vor allem flexibler einsetzbar als das Stammpersonal. Während früher beispielsweise von Aldi-Mitarbeitern noch selbst geputzt wurde, übernimmt das inzwischen seit Jahren ein Reinigungsunternehmen. In einigen Filialen werden «Reinigungsarbeiten» etwas weiter gefasst und umfassen dann auch das Entfernen der leeren Kartonagen, je nach Region Aldi-intern «Pappe ziehen», Abdeckeln» oder «Abschachteln» genannt. Ein kleiner Dreh an der Kostenschraube.

Es gibt wohl bei allen Discountern Überlegungen, solche Einsparpotenziale flächendeckend zu nutzen und das Einräumen der Ware an externe Dienstleister zu übertragen. Ein Schritt, der im Grunde nur logisch wäre und den insbesondere die Vollsortimenter längst vollzogen haben. Edeka, Rewe und Kaufland haben vielerorts ihre Regalbefüllung an Fremdunternehmen ausgelagert und setzen diesen Kurs fort. Es geht hier also längst nicht mehr um Randbereiche oder saisonal stark schwankende Arbeitsanfälle, sondern um einen Kernbereich der Handelsdienstleistung, der ausgelagert wird. Große wie kleine Personaldienstleister versuchen sich in diesem wachsenden Markt zu positionieren. Und das Geschäft läuft.

Knapp eine Million Beschäftigte und 17 000 Unternehmen zählt die Zeitarbeitsbranche mittlerweile in Deutschland. Sie rekrutiert ihre Kräfte längst nicht nur im Bereich der Geringqualifizierten, sondern vielfach auch unter Akademikern, die dann als «Berater» Aufgaben ausführen, die zuvor normale Sachbearbeiter erledigten. Auf diese Weise sind zum Beispiel auch etliche Freunde und Bekannte von mir nach ihrem Studienabschluss für große Unternehmen tätig geworden. Auf Partys sagen sie zum Beispiel: «Ich arbeite bei BMW.» Erst ein paar Sätze später, manchmal auf Nachfrage: «Ja gut, über die und die Firma.» Im Regelfall arbeiten sie zu etwas schlechteren Konditionen als diejenigen, die direkt beim Auftraggeber beschäftigt sind. Uneingeschränkte Mobilität und die Bereitschaft zu unbezahlten Überstunden werden vorausgesetzt. Private Beziehungen und Planungsmöglichkeiten leiden darunter. Doch es ist ein Einstieg, und einige werden später von ihren «Kunden» übernommen. Sie werden von «freien» Mitarbeitern zu «festen» und steigen eine Klasse auf. Ein studierter Ingenieur etwa sagt:

«Wenn ich mich richtig reinhänge, bin ich in ein paar Monaten, spätestens in ein paar Jahren fest bei BMW. Ich weiß natürlich nicht, wie lange meine Freundin das noch mitmacht. Mein Chef sagte, es kann sein, ich muss demnächst zu Daimler. Dann geht alles wieder von vorne los: Eindruck schinden, Überstunden buckeln und auf eine Übernahme hoffen. Ich würde gerne eine Familie gründen, aber mir ist alles zu unsicher. Ohne einen festen Job kann ich doch nicht die Verantwortung für eine Familie übernehmen.»

Die wachsende Unsicherheit im Berufsleben wirkt sich, nicht nur in diesem Fall, auf die gesamte Gesellschaft aus.

Auftragslagen und Umsätze von Unternehmen hängen in einer globalisierten Welt von unzähligen, schwer planbaren Faktoren ab. Die Zeiten ändern sich, gefühlt jedenfalls, immer schneller, das Umfeld wird komplexer. In Verbindung mit dem relativ rigiden Arbeitsrecht in Deutschland haben Unternehmen deshalb Bedenken, Fixkosten in Krisensituationen nicht schnell genug abbauen zu können. Diese «Bindungsängste» setzen sich bis zum Arbeitnehmer fort, der verstärkt mit dieser Unsicherheit leben muss. Und die Politik hat die entsprechenden Rahmenbedingungen dafür geschaffen.

Gab es 2004 noch gut 300 000 Zeitarbeiter, stieg die Zahl bis zum Jahr 2008 auf 800 000. In der damaligen Krise profitierten die Auftraggeber, und 200 000 Zeitarbeiter wurden geräuschlos entlassen. Doch die Zeitarbeitsbranche erholte sich schnell wieder, stellte im Aufschwung wieder neue Mitarbeiter ein und beschäftigt heute bereits knapp eine Million Menschen. Im Bereich der Hochqualifizierten mit Extrakosten, im zahlenmäßig überwiegenden Teil der Geringqualifizierten sogar oft mit Minderkosten für die Kunden.

Unternehmen brauchen Flexibilität. Und deshalb sind Zeitarbeiter, oft abwertend «Leiharbeiter» genannt, ein fester Bestandteil unserer heutigen Arbeitswelt. In seinem Buch «Billig, fleißig, schutzlos – Leiharbeit in Deutschland» beschreibt der Autor Gerhard Schröder, der nicht mit dem Ex-Bundeskanzler zu verwechseln ist, wie große Unternehmen, darunter Ford, BMW und MAN, in der Krise 2009 und 2010 davon profitierten: «Sie streichen Tausende von Stellen, ohne jemanden entlassen zu müssen, ohne Abfindungen zu zahlen und den komplizierten Kündigungsschutz beachten zu müssen. Es sind ja nur Leiharbeiter, die die Fabriken verlassen und fortan auf der Straße stehen.» Ein durchschnittlicher Leiharbeiter verdiene etwa 35–40 Prozent weniger als der

Stammarbeiter und jeder Fünfte so wenig, dass er Hartz-IV-Leistungen zusätzlich in Anspruch nehmen müsse. Sogar bei den Zeitarbeitsunternehmen gebe es Discounter, die mit dem Spruch werben: «Geile Preise, geile Leute». Der Klebeffekt, also die Chance, beim Auftragsunternehmen fest übernommen zu werden, sei gering. Jeder Zweite der oft Geringqualifizierten oder Langzeitarbeitslosen bleibe nicht einmal drei Monate angemietet. Schröder beklagt in seinem 2009 herausgegebenen Werk, dass die Gewerkschaften das neue «Subproletariat» ignorierten und die Zeitarbeiter praktisch keine Lobby hätten.

Doch mittlerweile nehmen sich einige Arbeitnehmerorganisationen der Thematik an. Im Frühjahr 2012 veröffentlichte die IG Metall ein «Schwarzbuch Leiharbeit», in dem viele Betroffene zitiert und Statistiken präsentiert werden. Demnach werden zum Beispiel nur 10 Prozent der Zeitarbeitnehmer von den Kunden übernommen, was insbesondere daran liege, dass frühere Kernaufgaben ausgelagert wurden, um Kosten einzusparen. Zeitarbeiter seien unterbezahlt, sie klagten über mangelnde Anerkennung und fehlende Perspektiven. Kritiker sprechen von Sklavenarbeit, Menschenhandel und legalisierter Ausbeutung.

Gleichwohl darf unterstellt werden, dass die Einsparmaßnahmen zu Lasten der Zeitarbeiter, um Kosten- und Gewinnziele zu erfüllen, manchen insgeheim nicht traurig stimmen dürften, schützen sie doch gleichzeitig die Privilegien der häufig gut organisierten Stammbelegschaft. Dieser wird zugleich ständig vor Augen geführt, wohin der Abstieg führen könnte. Sie fühlt sich überlegen, behandelt die Leiharbeiter oft wie Kollegen zweiter Klasse.

In ihrem «Schwarzbuch Zeitarbeit» zitiert die IG Metall einen Betroffenen: «Leider ist es so, dass man in den Einsatzfirmen für die Kollegen häufig nur die ‹Leihkeule› ist – das ist schade und extrem nervig. Aber wenn es um Überstunden oder Wochenendarbeit geht, sind fast nur die Leiharbeiter da. Die könnten ansonsten ja auch abgemeldet werden, bzw. die hoffen auf eine Übernahme.»

Ein Weiterer sagt: «Als Leiharbeiter wird man im Betrieb echt schlecht behandelt. Ich wollte drei Wochen Urlaub beantragen. Da wurde mir knallhart gesagt, dass ich Leiharbeiter sei und froh sein könne, in der Firma arbeiten zu dürfen, und ich dürfe höchstens drei zusammenhängende Tage Urlaub nehmen.»

Die umfangreiche Sammlung der Gewerkschaft zeigt, dass viele ihr Schicksal veröffentlicht wissen möchten. Und obwohl sie bereits prekär beschäftigt sind, teilen sie die Angst ihrer Stammkollegen vor dem Abstieg: noch weiter, in Hartz IV. Die Reformen des Jahres 2004 haben sicherlich dazu beigetragen, Deutschlands Wettbewerbsfähigkeit im internationalen Vergleich zu verbessern, die Arbeitslosenzahlen abzusenken und mehr Menschen in Beschäftigung zu bringen. Doch vielfach zu einem hohen Preis.

Wer heute arbeitslos wird, trifft auf eine Vielzahl von Stellen, die nur noch über Personaldienstleister angeboten werden. Im Grunde weiß jeder, wie die Zustände dort sind. Im Internet gibt es zahlreiche Foren, in denen über schlechte Behandlung, extremen Druck vom Arbeitsamt, unbezahlte Stunden und wenig Geld geklagt wird. Die Abrechnungen seien oft kompliziert und schwer nachvollziehbar.

Selbst innerhalb der Zeitarbeitsbranche gibt es offenbar höherrangige Mitarbeiter, die die Praktiken nur noch schwer mit ihrem Gewissen vereinbaren können. Der Justiziar eines großen Zeitarbeitskonzerns, der noch aktiv ist, sagt mir im Gespräch zum Beispiel:

«Wir wissen, dass unsere Niederlassungen und Tochterfirmen oft nicht nach den Vorgaben arbeiten. Aber das wird hingenommen, weil wir letztlich die Verantwortung dafür nicht tragen. Sie stehen unter einem hohen Erwartungsdruck, müssen ihre Umsätze und ihre Gewinne optimieren. Dabei nutzen sie oft die Unerfahrenheit und die Blödheit der Leute aus. Sie versprechen erst einmal das Blaue vom Himmel und hoffen, dass die tatsächlich schlechteren Bedingungen später akzeptiert werden. Den Arbeitsvermittlern in der Agentur ist das häufig egal, Hauptsache, die Leute sind raus aus der Statistik und sie erfüllen ihre Vermittlungsquoten.

Gibt es zum Beispiel eine Lücke in den Aufträgen, wird dem Mitarbeiter, Garantiezeiten hin oder her, oft nahegelegt, Urlaub zu nehmen. Erst bezahlten, wenn der aufgebraucht ist, dann unbezahlten Urlaub.

Egal ob im klassischen Arbeitnehmerüberlassungs- oder im Werkvertragsgeschäft: die Abrechnungen sind oft so kompliziert, dass sie für den Mitarbeiter gar nicht nachvollziehbar sind. Das führt zu weniger Nachfragen und vor allem zu weniger Reklamationen.»

Seit einigen Jahren im Trend sind sogenannte Werkverträge. Der Auftragnehmer schuldet hier im Gegensatz zum klassischen Dienstvertrag nicht nur eine fachgemäße und zuverlässige Arbeitsleistung, sondern auch eine eigenverantwortliche Erfüllung des Auftrags und wird erfolgsbezogen vergütet.

Die Vorteile von Werkverträgen für die Kunden liegen klar auf der Hand: Nicht nur die erfolgreiche Herstellung der Dienstleistung ist ausgelagert, auch die Haftung und die Administration. Die Verträge können schnell beendet oder

der Vertragspartner ausgetauscht werden. Das schafft noch mehr Flexibilität.

Der Justiziar des großen Zeitarbeitskonzerns sagt zu diesem Thema:

«Der Trend geht momentan auf Wunsch der Kunden in diese Richtung. Durch Regulierungen und den gesetzlichen Mindestlohn sind Leiharbeiter nicht mehr so günstig wie früher. Etwa 5–10 Prozent unserer Beschäftigten sind aktuell über Werkverträge im Einsatz. Für die Kunden sind Werkverträge vor allem deshalb interessant, weil sie alle Probleme abschieben: Wie und wann die Arbeiten erledigt werden, ist Problem des Werkvertragsdienstleisters. Der kann seinen Mitarbeitern zum Beispiel ein Stundenentgelt von 6 Euro und eine zusätzliche, leistungsabhängige Prämie zahlen. Dadurch hat er bessere «Antriebsmöglichkeiten». Außerdem ist die ganze mühsame operative Arbeit ausgegliedert. Schlachtbetriebe, Reinigungsunternehmen und Drogeriemärkte greifen zum Beispiel derzeit gerne auf solche Konstruktionen zurück.

Allerdings sind mindestens 90 Prozent der als Werkverträge bezeichneten Arbeitnehmerüberlassungen de facto Dienstverträge. Das ist ein juristisches Problem. In der Praxis ist es bei den ausgelagerten Tätigkeiten gar nicht möglich, ein Werk so klar abzugrenzen und zum Beispiel direkte Anweisungen des Kunden auszuschließen. Die meisten Mitarbeiter sind in Wirklichkeit in die Betriebe der Kunden eingegliedert. Wir wissen das natürlich, aber: Wo kein Kläger, da kein Richter. Man stelle sich nur vor, der Rewe-Marktleiter dürfte einem Regalauffüller nicht sagen, was er zu tun hat! Um juristischen Problemen vorzubeugen, haben wir Teamleiter eingeführt, die Anweisungen der Kunden annehmen und dann weitergeben. Noch deutlicher wird diese

Problematik im Lagerbereich, wo heute vielfach mit *Pick by Voice* gearbeitet wird: ein Computer des Kunden sagt dem Arbeiter an, welche Artikel er zu kommissionieren hat. In diesem Zusammenhang gab es in jüngerer Vergangenheit einige Razzien beim Discounter Netto, der viele Lagerarbeiten auf diese Art und Weise hatte erledigen lassen. Daraufhin wurde eine Zwischenstufe eingeführt, die die Orders 1:1 weitergibt.

Für Werkverträge haben die meisten Zeitarbeitsunternehmen Tochterfirmen mit AÜG-Erlaubnis (AÜG = Arbeitnehmerüberlassungsgesetz). Nach außen hin soll es trotz formalen Werkvertrags zu keiner Entlohnung unter Tarif kommen. Bei unserem Konzern wird das relativ strikt eingehalten. Ich kenne aber genügend ‹krawallige› Wettbewerber, die nur über den Preis kämpfen. Sie unterschreiten ganz klar tarifliche Entlohnungs- und Arbeitsbedingungen. Ein Konkurrent hat zum Beispiel in den letzten zehn Jahren vier Insolvenzen hingelegt, ist aber, erneut unter anderem Namen, schon wieder aktiv. Mit ihrem Preisdumping setzen solche Firmen auch uns, die relativ seriösen Anbieter, unter Druck.»

Es geht also in der Arbeitnehmerüberlassung und in der Zeitarbeit längst nicht mehr nur darum, Auftragsspitzen abzufedern und Überkapazitäten zu vermeiden. Die prekär bei großen, namhaften Konzernen zu Niedriglöhnen beschäftigten Mitarbeiter sind für Kernaufgaben fest eingeplant. Und so richtig schlimm findet das kaum jemand.

Die Besser-Macher

Was Lidl gelernt hat

Die Prinzipien von Aldi und Co. sind überall, ihre Tricks und Methoden ähneln sich. Die Arbeitnehmer sind vielfach zu entrechteten Bittstellern degradiert. Globaler Wettbewerb, internationale Mobilität von Arbeitskräften, innerdeutsche Reformen, aber auch strukturelle Umbrüche in einigen Branchen haben die Rahmenbedingungen erheblich zu Lasten der Beschäftigten verschlechtert. Viele haben Angst, fühlen sich ausgeliefert. Händler dominieren die Milliardärslisten in Deutschland.

Sie bereichern sich an ihren Arbeitnehmern, insbesondere auf der untersten Ebene, ob nun als Selbständige oder als Angestellte geführt, aber auch an kleinen Lieferanten. Die Folge sind Belastungen für das Gesundheits- und Sozialwesen, heute und vor allem in Zukunft, aber auch zerbrochene Familien und schlimme Einzelschicksale. Den Preis zahlen letztlich wir alle.

Im Frühjahr 2013 veröffentlichte die Bundesregierung den aktuellen Armuts- und Reichtumsbericht. Aufregung verursachte er vor allem deshalb, weil im Vorfeld herauskam, dass auf Druck des Wirtschaftsministeriums einige Passagen entfernt worden waren, da sie nicht der «Meinung der Regierenden» entsprächen. Getilgt wurden laut *Stern* zum Beispiel Feststellungen wie «Die Privatvermögen in Deutschland sind sehr ungleich verteilt» oder dass im Jahr 2010 «über vier Millionen Menschen für einen Bruttostundenlohn von unter sieben Euro» arbeiteten. Ebenso fehlt beispielsweise: «Während die Lohnentwicklung im oberen Bereich positiv steigend war, sind die unteren Löhne in den vergangenen Jahren preisbereinigt gesunken», was das «Gerechtigkeitsempfinden der Bevölkerung» verletze.

Trotz aller Glättungen blieb noch eine Menge übrig: zwölf Millionen Menschen in Deutschland leben an oder unter der Armutsgrenze, 25 Prozent der Beschäftigten arbeiten in Zeitarbeit, Werkverträgen, Praktika, Befristungen, Mini- und Teilzeitjobs oder anderen prekären Verhältnissen. Die soziale Mobilität ist gering. In seiner Kolumne auf *Spiegel Online* erklärte Jakob Augstein die Passivität der Bevölkerung angesichts der offensichtlichen Tatsachen mit einem Kartell der Profiteure: «Die Industrie, die regierenden Parteien, große Teile der Medien, willfährige Forscher und Institute – sie alle helfen, die Tatsachen zu leugnen, zu relativieren, zu ignorieren.» Vielmehr schaffe es sich seine eigene Wirklichkeit. Weiter schreibt er: «Alles dient dem Zweck, die Erträge, die unten erwirtschaftet werden, nach oben fließen zu lassen und gleichzeitig zu verschleiern, dass es sich so verhält.»

Aber muss nicht in einer globalisierten Welt mehr Ungleichheit und Ungerechtigkeit schlicht akzeptiert werden? Davon scheinen viele insgeheim auszugehen.

Und natürlich kauft jeder günstig ein. Aber täuscht der Eindruck, dass viele Kunden mittlerweile beim Einkauf genauer hinsehen? Geiz ist geil und alles andere egal – das war einmal. Und es gibt Unternehmen, die das erkannt haben.

Im Einzelhandel für den vorbildlichen Umgang mit seinen Mitarbeitern gelobt wird immer wieder der dm Drogeriemarkt – nach meiner Einschätzung zu Recht. Die Top-Manager in vielen Discountern sind geleitet von der Grundannahme, dass ihre nachgeordneten Mitarbeiter dumm, unehrlich und faul sind. Deshalb müssen diese nach genauen Vorgaben arbeiten und werden ständig kontrolliert und angetrieben.

Die Grundannahme von dm ist: Der Mitarbeiter ist gut, man kann ihm etwas zutrauen, deshalb erhält er Freiraum. Folglich ist auch die Vertriebsstruktur, im Gegensatz zu vielen anderen Händlern, eher dezentral organisiert. Die Filialverantwortlichen entscheiden über das Sortiment und über die Bestellungen. Betriebsräte sind vorhanden, das Ausbildungskonzept ist mehrfach ausgezeichnet, und selbst Gewerkschafter müssen lange nach kritischen Aspekten suchen.

Ingrid T. aus Frankfurt zum Beispiel berichtet:

«Ich arbeite hier seit meinem Abgang von Norma vor vielen Jahren wie in einer anderen Welt. Zwar gibt es auch mal Reibereien unter den Kollegen, aber die Stimmung ist insgesamt sehr gut. Mit meiner Bezahlung bin ich zufrieden. Wir bekommen unser Festgehalt, Spätzuschläge, Urlaubs- und Weihnachtsgeld, eine Jahreszahlung, wenn der Konzern erfolgreich ist, und einen Tertialabschlag, wenn die Filiale über dem geplanten Umsatz liegt und sparsam wirtschaftet. Natürlich müssen auch wir hier arbeiten und können nicht immer auf die Minute schauen, aber das Wichtigste für mich ist, dass ich nicht mehr mit Angst zur Arbeit gehen muss.»

Natürlich können problematische Führungskräfte und schlechte Stimmung auch in einzelnen dm-Filialen nicht ausgeschlossen werden. Insgesamt aber ist das Bild geprägt von Respekt und Fairness gegenüber den Angestellten.

Lidl wurde in der Vergangenheit häufig kritisiert. 2004 veröffentlichte ver.di ein Schwarzbuch, das dem Discounter miese Arbeitsbedingungen und die Verhinderung von Betriebsratswahlen vorwarf. Vier Jahre später, im Frühjahr 2008, enthüllte der *Stern* die systematische Überwachung von Mitarbeitern durch Detektive. Noch heute prägen diese Veröffentlichungen das Bild vieler Menschen. Lidl ist noch immer als schlechter Arbeitgeber verschrien, dabei gilt das Unternehmen Brancheninsidern heute längst als Vorbild.

Denn der Neckarsulmer Konzern hat die Zeichen der Zeit erkannt und sich gewandelt. Nur wenn es Discounter schaffen, sich als faire Arbeitgeber zu gebärden, wird es ihnen langfristig gelingen, überhaupt noch Leistungsträger in eine Branche zu locken, deren Sexappeal für Nachwuchskräfte kaum unterboten werden kann. Und so hat Lidl echte Verbesserungen eingeleitet. Eine stellvertretende Marktleiterin aus dem Großraum Stuttgart erzählt zum Beispiel:

«Vor einigen Monaten wechselte ich von Aldi zu Lidl und konnte es anfangs kaum glauben: die Unterschiede sind riesig! Es ist schön zu sehen, dass nicht alle Discounter genau gleich gestrickt sind wie Aldi. Das fängt schon bei der Zeiterfassung an. Früher musste ich vor dem eigentlichen Arbeitsbeginn und nach Arbeitsende noch unentgeltlich arbeiten. Die Zeiten wurden vom Filialleiter manuell in den PC eingetragen. Je weniger dort steht, desto mehr Leistungsprämie bekommt er von Aldi bezahlt. Dies ist bei Lidl deutlich besser gelöst. Vor Arbeitsbeginn und nach Arbeitsende erfasst jeder Filialmitarbeiter selbständig seine Arbeitszeit per Chip an einem Zeiterfassungsterminal. Das Gleiche gilt für die tatsächlich gemachte Pausenzeit. Es wird einfach nicht ständig getrickst, sondern korrekt gearbeitet. Dadurch gibt es auch nicht die ständige Missgunst der Mitarbeiter untereinander.

In der Mitarbeiterüberwachung hat Lidl reagiert. Es gibt in der kompletten Filiale keine Kameras mehr. Auch beim Datenschutz hat sich einiges getan. Die einzelnen Kassiergeschwindigkeiten zum Beispiel tauchen bei Lidl weder auf der Kassenabrechnung noch im Filial-PC auf und sind somit nicht transparent. Einzig die durchschnittliche Geschwindigkeit aller Kassierer eines Tages ist ersichtlich. Bei Aldi wird der Wettkampfgedanke untereinander angekurbelt, auch zwischen den Filialen, indem monatlich die Leistungen in Form einer Liste an jede Filiale gesendet werden. Ich habe selbst mitbekommen, wie dadurch Filialleiter unter Druck gesetzt werden und die Zahlen über Stundenmanipulation dann ‹tunen›. Bei Lidl wird für jede Filiale ein eigenes Leistungsziel gesetzt, das nur das Personal der betreffenden Filiale kennt. Somit fällt die ständige Konkurrenz mit anderen weg. Diese Ziele sind aber realistisch und mit normaler Arbeit, ohne diesen extremen Druck erreichbar. Ich kann heute nur sagen, was ich nie geglaubt hätte: Ich bin richtig froh, nicht mehr bei Aldi, sondern jetzt bei Lidl zu sein!»

Auch höhergestellte Mitarbeiter bestätigen die Verbesserungen. Ein Verkaufsleiter aus Hamburg zum Beispiel berichtet:

«Der extreme Druck ist weg. Die Mitarbeiter sind nicht mehr so gehetzt. Wir haben auch mal Zeit für ein längeres Gespräch. Für uns Führungskräfte gibt es viele Coachings. Ich höre auch von vielen langjährigen Kollegen bundesweit, dass sie den Laden seit einiger Zeit nicht mehr wiedererkennen. Wir haben jetzt sogar, früher undenkbar, jedes Jahr ein Sommerfest und eine Weihnachtsfeier. Lidl zeigt: Man kann was machen!»

Coda: Der andere Kassierer

Benjamin Piep oder: «Guter Service kostet eben»

Viele Fälle und Schilderungen in diesem Buch halte ich für repräsentativ. Sie zeigen, wie es bei Aldi und ähnlichen Unternehmen zugeht, sie zeigen, wie es um unsere Wirtschaft heute vielerorts bestellt ist. Um dem Vorwurf gerecht zu werden, über Einzelfälle zu berichten, möchte ich es endlich einmal tun.

Bühne frei für Benjamin Piep. Sein Rechtsanwalt und sein Zahnarzt sind schon ein wenig neidisch. Sie haben ein aufwendiges, langwieriges Studium hinter sich. Sie beschäftigen Mitarbeiter. Sie tragen Verantwortung und müssen viel arbeiten. Im Gegensatz zu ihm. Trotzdem nimmt er, wie sie, 200 Euro pro Arbeitsstunde. «Guter Service kostet eben», sagt Piep stolz. Er war Verkäufer bei Aldi und der wohl teuerste und frechste Aldi-Kassierer Deutschlands. Ihn an seinem Arbeitsplatz anzutreffen, erforderte großes Glück. Er war so selten da, erklärt Piep. Die von Timothy Ferriss postulierte Vier-Stunden-Arbeitswoche erscheint ihm noch recht üppig bemessen. Wenn Piep arbeitete, ging alles langsamer als bei den Kollegen. Er räumte Ware gemächlich ein, seine Kasse piepte auf halbmast, er wirkte gelangweilt. Auf die üblichen Höflichkeitsfloskeln gegenüber Kunden verzichtete er, Piep hatte seine eigenen Regeln entwickelt.

Dabei waren die Weichen für eine Aldi-Karriere gestellt. Am 1. August 2006 begann der heute 26-Jährige seine Ausbildung beim Discounter und schloss drei Jahre später als Einzelhandelskaufmann mit der Note «sehr gut» ab. Im Betrieb wurde er sofort in Vollzeit und unbefristet übernommen – auch damals eine Seltenheit. Seine Chefs arbeiteten den Hoffnungsträger ein. Er sollte Filialleiter werden. Ihm stünden alle Türen offen, hieß es. Piep selbst hätte damals, noch hoch motiviert, «jeden erwürgt», der etwas gegen Aldi sagt. Aber das änderte sich. Wie und weshalb genau, weiß Piep selbst nicht zu erklären. Irgendwann ist es passiert. Seine Vorgesetzte, vielleicht lag es an ihr, habe ihm vorgehalten, er sei zu teuer. Man setzte nicht mehr auf ihn. Stattdessen versetzte man ihn. Da wurde Piep zum ersten Mal länger krank. Vielleicht wollte er ein Zeichen setzen. Aldi reagierte nicht. Stattdessen begann eine sonderbare Posse, die knapp drei Jahre lang andauerte. Sie handelt von den Gegenmaßnahmen eines schwierigen Arbeitnehmers.

Wie Piep Aldi ausbeutete
Er arbeitete immer nur ein paar Tage, bevor ihn eine neue Krankheit «erwischte». In den letzten beiden Jahren waren es höchstens acht Wochen insgesamt, das macht bei seinem Gehalt etwa kopfgerechnete 200 Euro pro tatsächlicher Arbeitsstunde.

Wenn Piep krank wurde, rief er kurzfristig, normalerweise am selben Morgen, in seiner Filiale an, um sich, wie er sagt, «arbeitsunfähig» zu melden. Einen Grund gab er nie an, müsse er schließlich nicht. Meistens war es «irgendwas Psychisches» und dauerte dann «was länger». Die Diagnosen wechselten, ebenso die zuständigen Ärzte: Hausarzt, Psychiater, Orthopäde, Hals-Nasen-Ohren-Arzt, Dermatologe.

Er arbeitete langsam, überzog seine Pausen, kam zu spät.

Er setzte sich im Lager eine halbe Stunde auf eine Palette.

Er wusste schließlich, wo die Kameras sind, erklärt Piep.

Bisweilen fielen ihm Paletten um, zum Beispiel mit Öl oder

Farbe beladen. Aber das geschah keineswegs mit Absicht, wie er lächelnd versichert.

Er hatte einen Vollzeitvertrag als stellvertretender Filialleiter, noch von früher, arbeitete aber nur als Kassierer.

Wie Piep seine Vorgesetzten schikanierte

Vor seinem Spind hing ein eigens angebrachtes, großes Vorhängeschloss. «Ich vertraute hier niemandem», erklärte Piep gerne auch seinen Kollegen.

Seiner weiblichen Vorgesetzten drückte er zur Begrüßung immer besonders fest die Hand. Wenn sie zusammenzuckte, freute sich Piep.

Gerne reichte er auch die Hand, wenn er noch den verschmutzten Handschuh anhatte. Aber wehe, er wurde nicht per Handschlag begrüßt. Dann fühlte er sich schon ein wenig beleidigt.

Kritik an ihm, auch nur die Andeutung davon, brachte ihn auf die Palme: «Ich habe immer Kontra gegeben!», freut er sich. Mitarbeitergespräche titulierte er Vorgesetzten gegenüber offen als «sinnloses Kaffeekränzchen».

Anweisungen nahm er grinsend zur Kenntnis, vergaß aber, sie umzusetzen.

Er sagte regelmäßig Sätze wie: «Früher war das anders.» Oder er zweifelte die Kompetenz seiner Vorgesetzten an, indem er ihr erklärte: «Sie sind ja noch nicht so lange dabei wie ich.»

Akten aus den Piep-Filialen verschwanden oft spurlos. Das löste Suchaktionen und Chaos aus. Aber er habe damit nichts zu tun gehabt, versichert Piep.

Von seinen Vorgesetzten auf seinen Werdegang und seine weiteren Pläne angesprochen, sagte er: «Ich will hier ganz nach oben kommen.»

Wenn sie ihm mit wachsender Verzweiflung entgegneten, Lidl sei doch auch nicht schlecht, war seine Aldi-Seele empört ...

Was Aldi nicht wusste

Für Piep war das ein Spiel. Seine Existenz hing nicht von diesem Job ab. Er kannte seine Kollegen kaum, die wenigsten mit Namen. Er war schließlich so selten da. Wenn sie angewidert auf sein Verhalten reagierten, blieb er betont gelassen. Bei Gesprächen lag immer sein Telefon auf dem Tisch. So ein Smartphone kann ja heute viel. Piep ist stolz auf seine Sammlung von Audiodateien. «Für alle Fälle ...», sagt er.

Der Nachteil seiner Masche: Durch die verringerten Arbeitszeiten hatte er weniger Bewegung. Er musste nun außerhalb des Jobs Sport treiben.

Auch Benjamin Piep bestätigt das System Aldi, wie ich es schilderte und wie er es kennt. Er wunderte sich selbst, weshalb bei ihm alles anders war. Aber allmählich wehrte sich Aldi, erzählt er. Er wurde schikaniert, bekam vermehrt Testkäufe. Er hatte das Gefühl, man wolle ihn womöglich loswerden. Zur Weihnachtsfeier hätten ihn die Kollegen schon nicht mehr eingeladen. Im Frühjahr 2013 endete seine Aldi-Laufbahn abrupt. Der Discounter setzte ihn vor die Tür. Piep hält nun Ausschau nach einem Supermarkt, der seine Qualitäten zu schätzen weiß.

Die dunkle Seite der Schnäppchen

Aldi – das ist das Vorbild aller Discounter und für viele Kunden inzwischen Kult. Aldi setzt Maßstäbe. Doch noch nie gelang ein tiefer Blick hinter die Kulissen. Der ehemalige Aldi-Süd-Manager Andreas Straub bricht jetzt die Mauer des Schweigens. Erstmals enthüllt ein Insider aus eigener Erfahrung, wie er den Arbeitsalltag bei Deutschlands Discounter Nummer eins erlebt hat. Extrem hoher Arbeitsdruck, Einschüchterung und Willkür, Entlassungen als Personalpolitik, perfide Überwachungsmethoden und Spitzeleien, Kostendruck und der rigide Umgang mit Lieferanten: Straubs Bericht aus der Innenwelt der Billigpreise ist ein schockierendes Beispiel für die Verrohung in der Arbeitswelt.

Sb 057/1 · Rowohlt online: www.rcwohlt.de · www.facebook.com/rowohlt

rororo 62959

True Crime einmal anders

Wolfgang Paul, genannt Paule, hat seinen Beruf als Privatdetektiv nach fünfzehn Jahren an den Nagel gehängt und zusammen mit Andreas Straub seine interessantesten Fälle aufgeschrieben. Paul nimmt uns mit auf eine abwechslungsreiche Reise durch unsere Gesellschaft: vom Hinterzimmer des Supermarkts bis ins Rotlichtmilieu, vom ehebrecherischen Bäcker bis zum Management, das seine Mitarbeiter überwacht. Er erzählt spannende und bisweilen nachdenklich machende Geschichten aus einer Welt, die sonst lieber im Schatten bleibt.

Sb 056/1 · Rowohlt online: www.rowohlt.de · www.facebook.com/rowohlt

Auch als E-Book

WOLFGANG PAUL mit ANDREAS STRAUB

Der Schatten

Im Visier des Privatdetektivs

rororo 62997